Francisco González
de Canales

Ambigüedad operativa

AF275543

Ensayos Críticos
06

En uno de los más conocidos ensayos de Josep Quetglas, el autor se pregunta sobre si el pabellón de Mies van der Rohe en Barcelona es un edificio cerrado o abierto. Contra la percepción más inmediata, a lo largo de las páginas Quetglas nos persuade de que en realidad se trata de una edificación cerrada.[1] Pero la pregunta inicial es una trampa ¿No es precisamente gran parte del interés del pabellón el que pueda considerarse abierto y cerrado a un mismo tiempo? La ambigüedad, como propuesta arquitectónica, ha estado a menudo asociada a la efervescencia posmodernista y, sin embargo, pensaría que es parte esencial de muchas de las obras de la modernidad que mayor interés y seguimiento han generado. Pienso, por ejemplo, en la adaptación de la idea del *studiolo* presente en algunas de las propuestas de Louis Kahn como, por ejemplo, en los escritorios para Exeter Library, ¿es un mueble o es un espacio en sí mismo? Cuando nos disponemos en él, ¿estamos en un espacio amplio o en uno reducido? Precisamente es su ambigüedad la que nos permite resolver una cuestión esencial para el edificio: sentirse parte de algo colectivo, el espíritu de la institución, como diría Khan, pero sin dejar de tener una sensación de recogimiento que es la propia y necesaria para el estudio. Acogedor y solemne, individual y colectivo, es precisamente esta ambigüedad operativa la que se ofrece como una arquitectura posible. Se me vienen también a la mente algunas iglesias nórdicas que igualmente podrían ser consideradas obras maestras de la modernidad. En algunas de ellas se plantean cuestiones similares pero con diferentes recursos. Pienso, por ejemplo, en la Iglesia de Sankt Markus, de Sigurd Lewerentz, en su uso consciente del ladrillo, su cuerpo texturado, su cielo siguiendo, lógicamente, una geometría abovedada. El espacio, monolítico, rotundo, tan directo y pregnante en su materialidad, contrasta con la línea etérea que construye el horizonte de luminarias, bajadas dramáticamente a la altura del cuerpo de los feligreses. Es un espacio que la luz comprime hacia el individuo, lo hace vivido para sí, pero, al mismo tiempo, superada esta línea entre las sombras, es elevado hacia lo colectivo, rematado por una envolvente en las alturas que se despliega con toda su aserción material, sólida, veraz: soporte común. Ambas experiencias existen al mismo tiempo y es precisamente su ambigüedad la que nos permite hablar de la iglesia, su consistencia en lo colectivo —o en su propio origen, *ekklesia* como congregación de cuerpos—, pero, al mismo, como viaje individual e introspectivo.

Y podríamos seguir. Son también cerradas y abiertas a un mismo, aunque de un modo bien distinto al pabellón de Mies, arquitecturas de Le Corbusier como la Casa Curutchet en La Plata (Argentina, 1949-53) o la Villa Shodhan en Ahmedabad (India, 1952-56), por ofrecer ejemplos alternativos de otros maestros modernos. Pero sería absurdo pensar que este tipo de ambigüedad aquí descrita se dé sólo en la arquitectura moderna; y me he tomado la libertad de empezar por ella, meramente con el fin de abundar en la transversalidad de esta experiencia. Pues es fácil constatar que existen arquitecturas ensayadas reiteradamente en nuestra historia que ofrecen una aproximación afín. Sabemos que la ambigüedad del pabellón de Barcelona no sólo se debe a los experimentos vanguardistas de De Stijl, sino que está documentada como deudora de Wright quien, a su vez, encontró su inspiración en los recursos espaciales de la vivienda tradicional japonesa y a siglos de experiencia sobre un determinado modo de disponer y habitar. Y aun así, este cerrar sin cerrar no sólo está en Japón, sino también muy presente en los recursos de tantas otras arquitecturas. Está, por ejemplo, en tradiciones norteafricanas, en las que la puerta de la modesta vivienda permanece siempre abierta, pero es un quiebro en el compás de entrada, como en el pabellón, la que la protege y ofrece un sentido de cerrar la apertura. La entrada acodada, desde la más zigzagueante, hasta el más sutil acceso esquinado para proteger el patio de la vista, mantiene la ilusión de un espacio cerrado y abierto a un mismo tiempo, ejercicio que se expande en tanta otra arquitectura peninsular y que fue ensayado reiteradamente por Mies en una parte esencial de su carrera o, más adelante, por algunas experiencias del Team X.

Ambigüedades que se ofrecen a menudo en las transiciones intermedias, umbrales, pórticos, zaguanes, pues es en el espacio intermedio donde a menudo la arquitectura gestiona sus tensiones, el punto crítico de las relaciones que articula. Por no hablar de espacios de ambigüedad escalar que tanto abunda en la arquitectura de todos los tiempos, desde la tradición de la *alcôve* en la arquitectura medieval cristiana a la cantidad innumerable de nichos habitables tan presentes en toda la tradición islámica en la que lo grandioso y lo acogedor de nuevo se superponen, una y otra vez, como experiencia indivisible.

Estoy seguro de que quien esté siguiendo estas líneas tendrá en mente muchos otros ejemplos, pero sirva esta breve introducción para puntuar hacia dónde pretende dirigirse este ensayo. En esencia, me propongo liberar a la ambigüedad en arquitectura de los intereses desde los que se discutió hace medio siglo, es decir, de los estudios lingüísticos, comunicativos, la semiótica y todo ese campo que tanto interesó por ejemplo durante el episodio posmodernista. Mi intención aquí es centrar la atención no tanto en lo que la arquitectura como lenguaje puede representar o comunicar, el 'cómo se lee', sino en lo que la arquitectura puede ofrecer como soporte de la experiencia espacial y ambiental y cómo esta lo hace, precisamente, en relación a disposiciones formales y materiales como las anteriormente mencionadas. Esta liberación permitiría llegar más lejos en lo que podría ser aquí una hipótesis de fondo. Si se considera, como sugirió Walter Benjamin en «Experiencia y pobreza» (1933), que la abstracción en la modernidad quizá pudo entenderse como un proyecto liberador para el receptor de la obra, especialmente para el habitante de la misma; si la abstracción procuraba para este no sólo la posibilidad de emanciparse de lo figurativo, de la prescripción por parte del artista de la interpretación de la obra en relación con dichas figuras preconcebidas, sino también, a grandes rasgos, de todos los distintos modos de representación legibles de la cultura que atenazan nuestra vida, de vivir rodeados de las huellas de otros; si la abstracción es ese «borra las huellas» que Benjamin toma de Bertold Bretch, uno que acoge la «nueva barbarie» de empezar de nuevo, con casi sin tener nada.[2] Entonces, la ambigüedad podría entenderse aquí como un paso más en ese borrado de la arquitectura como representación. La ambigüedad se presentaría como el momento límite en el que, sin recurrir a la indeterminación o vaguedad, la interpretación o fruición, pero, sobre todo a la apropiación en uso de la obra, habría sido entregada definitivamente al receptor o, en otras palabras, a un habitante considerado como activo. Así, entregada al habitante como soporte para la experiencia por venir, la arquitectura puede entonces responder a lo que ha sido siempre su mayor reto: la implacabilidad de su indeterminado futuro.

Breve introducción a lo ambiguo

El estudio de la ambigüedad está dificultado por un conjunto de aspectos interrelacionados. El primero quizás resulta obvio: ¿no es casi un oxímoron 'definir con claridad' lo que por naturaleza conduce al 'malentendido', la 'oscuridad', la 'confusión'? La propia etimología de la palabra no resulta clara. Por lo común, se supone que el prefijo «ambi-» denota dualidad, como por ejemplo en «ambivalente». Pero en ambigüedad el prefijo significa «alrededor de», «en torno a», pues deriva del verbo latino *ambigere* que significa «deambular» y, por lo tanto, cercano también a «vagar» o «vacilar» y de ahí su vinculación con la duda. En la entrada en el *Diccionario de la Real Academia Española* ambigüedad es aquello «que puede entenderse de varios modos o admitir distintas interpretaciones y da, por consiguiente», y esta es la parte más interesante, «motivo a dudas, incertidumbre o confusión». Como antónimos, el Diccionario recoge, entre otros, «claridad» y «precisión». Como sinónimos, «oscuro» y «equívoco que, añadidos a «confusión», «incertidumbre» y «duda», construyen el entramado de consideraciones peyorativas sobre el que erige la ambigüedad que, por otro lado, es ampliamente asumido en el entendimiento social de la misma. Pues referida a una persona, por ejemplo, la ambigüedad es poco más que la deshonestidad más descarada, la actitud solapada, el atributo del taimado, y de ahí que el Diccionario señale que ambiguo es quien «con sus palabras o comportamiento vela o no define claramente sus actitudes u opiniones».[3] En general, en nuestra vida cotidiana exigimos claridad y sencillez en nuestros informes, correos electrónicos, requerimientos, cláusulas, prescripciones y nos lleva el diablo cuando alguno de estos guarda alguna ambigüedad en sus términos que se considera claramente como un error o defecto de redacción con el que no deseamos convivir. Entregue usted como arquitecto/a un plano o una especificación técnica que resulte ambigua y será considerado como una falta respecto a la cual hay que pedir las más sentidas disculpas.

Me hago cargo de que en las primeras líneas de este ensayo he indicado mi vocación de mantenerme al margen de los estudios lingüísticos, pero son estos los que en las últimas décadas han tratado de rehabilitar la ambigüedad de manera más propositiva y resulta necesario pasar brevemente por ellos para encontrar las primeras vías de escape a la negatividad asociada a ella. Para los lingüistas existen dos cuestiones fundamentales. Por un lado, la fuente de la ambigüedad, pues puede ser de distinto tipo (ya sea fonética, semántica, sintáctica, léxica, morfológica, etc.) y, por otro, su relación con los otros elementos del entorno comunicativo, su contexto. También es relevante dilucidar si la ambigüedad se da en la producción o en la recepción, como si se trata, o no, de un hecho intencionado. Así, en ocasiones, la ambigüedad puede ser pretendida y funcional, mientras que, en otras, puede ser considerada como un mal que se debe evitar a toda costa. Cabe decir que la mayor parte de estos aspectos podrían bien aplicarse de distintas formas en arquitectura: el origen de la ambigüedad, la relevancia del contexto, si la misma se encuentra en la obra o en el habitante, y si es o no operativa. En este último punto los lingüistas hablan de una «ambigüedad productiva» y de otra improductiva, así como del reconocimiento de la existencia de dos tradiciones o puntos de vista lingüísticos que han apoyado históricamente a cada una de ellas. La improductiva sería la favorecida por lingüistas como el célebre Noam Chomsky. Alabado por los artistas minimalistas y arquitectos como Peter Eisenman en los años 60 y 70, Chomsky entendía que la ambigüedad, en general, era perjudicial para la comunicación.

La productiva, por el contrario, es tradicionalmente apoyada por aproximaciones pragmáticas y cognitivas y afirma que la ambigüedad es en realidad una función propia del lenguaje que permite, además, mejorar la eficacia comunicativa. Hoy en día, por lo general, la mayor parte de los lingüistas se centran más en el estudio de estos aspectos productivos.

Se ha dicho ya que la lingüística y la comunicación son las disciplinas que más intensa y fehacientemente se han encargado del estudio de la ambigüedad en la historia reciente y, sin embargo, la crítica literaria, la retórica, la teología o los estudios legales han desarrollado sus propias tradiciones al respecto. Estas, por otro lado, no han interactuado o se han relacionado muy poco entre sí, creando una especie de mapa plural de aproximaciones a lo ambiguo. En la retórica, por ejemplo, la ambigüedad se basa en la discusión de un conjunto de conceptos ya existentes desde la antigüedad bajo dos signos: el del defecto o *vitium* (vicio) y el de la virtud o *virtus*. En la teoría sobre la argumentación, por ejemplo, la ambigüedad se concibe principalmente como defecto, como un problema de coherencia lógica. Sin embargo, en las discusiones teóricas y textuales, la ambigüedad es una virtud que puede influir positivamente en los procesos comunicativos, mejorando la capacidad de persuasión de los oradores y haciéndola por tanto productiva para los fines retóricos. Para la crítica literaria, por otro lado, la ambigüedad ha sido siempre un asunto central para sus análisis. En la poesía, el teatro o la novela, liberados de situaciones comunicativas reales y sin su contexto o finalidad pragmática, lo relevante es la relación que establecen autor/a y lector/a, por un lado, y el de la de propia función comunicativa del texto, por el otro. Por ello, la crítica literaria se ha enfocado a entender qué estrategias utiliza el primero para hacer o deshacer ambigüedades y la especulación sobre en qué modo las fórmulas utilizadas para construir un texto influyen en la interpretación que el segundo pueda tener de él. La ambigüedad, en este caso, ganaría para sí propósito y autonomía. Pero esta relación productiva es diferente para la teología, por poner otro ejemplo, pues la ambigüedad representará uno de sus mayores retos. En la tradición cristiana, aunque esta reflexión es asimilable a grandes rasgos al judaísmo o al islam, la exégesis de la Palabra divina, ya desde el siglo II, buscó maneras de interpretar la Biblia que pudieran conducir a un entendimiento unívoco de su mensaje. La paradoja es que esta interpretación necesitó siempre de una contextualización de la Palabra en cada época, lo que generó nuevas ambigüedades que, a su vez, debieron ser resueltas por las generaciones subsiguientes. De este modo, generación tras generación, la ambigüedad se perpetuaba como inevitable, ya que cada intento de desambiguación sólo era válido desde el contexto de su propio tiempo. En resumen, con todo lo dicho, se puede constatar cómo en cada uno de estos campos la investigación sobre la ambigüedad ha tenido sus particularidades y obsesiones, así como su abordaje específico con metodologías altamente especializadas.

En arquitectura, por otra parte, la emergencia de todo tipo de ambigüedades, paradojas y contradicciones se ha vinculado comúnmente a la tradición manierista tanto en su sentido histórico, en su desarrollo en el *cinquecento*, como en sus revisiones posteriores, la más reciente en el inicio del episodio posmoderno. Precoz fue Colin Rowe en esta tarea con su «Matemáticas de la villa ideal» (1947), donde el arquitecto británico alababa con arrobo las ambigüedades de Palladio en la Malcontenta: «la ambigüedad, profunda, tanto en la idea como en la forma, en la equívoca conjunción de la fachada del templo y el bloque doméstico [...] cargados de significado, tanto por lo que son como por lo que significan; y su impresión es conmovedora. No se recrea la casa antigua, pero en su lugar hay una aparición concreta de la antigua virtud, la excelencia, el esplendor imperial y el estoicismo: Roma está allí por alusión, el mundo ideal por geometría».[4] Son estas ambigüedades las que Rowe encontraría también en Le Corbusier, convirtiéndose en un tema principal una serie de comparaciones entre el maestro moderno y Palladio que se continuarían ilustremente en «Manierismo y arquitectura moderna» (1950). Por otra parte, el otro gran crítico del momento que dominó la escena de los años setenta, Manfredo Tafuri, también se preocupó de las ambigüedades manieristas, pero en su caso estrictamente desde su propio momento histórico. Así indicó en uno de sus estudios que: «cuando el arte se inicia como un problema para sí mismo, cuando a través de una organización de la forma desea alcanzar profundidades auto-críticas, cuando, finalmente, el proceso de configuración tiende a ser sustituido por el proceso crítico, es inevitable que la teoría se encuentre en una situación difícil, si no ambigua. Y este es el acontecimiento paradójico que se desarrolla a lo largo de la gran etapa manierista».[5] Para Tafuri, el manierismo era una ebullición de paradojas y ambigüedades porque era el inicio en sí de una autoconciencia en el propio arte y la inevitable necesidad de lo crítico, de una posición propia del artista que entra en conflicto con cualquier voluntad de establecer unas reglas teleológicas comunes, como las que aún habían permeado en el Renacimiento desde el Medievo. Es esta condición crítica, fundamental para el teórico romano, la que se arrastrará como propia a lo largo de todo el arco moderno.

Al margen de las referidas incursiones, si tuviéramos que glosar los estudios especializados sobre la ambigüedad en arquitectura en tiempos recientes, estos aparecerían principalmente ligados a los préstamos que los estudios lingüísticos cedieron a la teoría y crítica arquitectónica de los años setenta. Uno de sus mayores favorecedores fue sin duda Charles Jencks quien hizo además del lenguaje el centro de la discusión de la arquitectura posmoderna. En su aún temprano «Semiología y arquitectura», siguiendo los razonamientos de I. A. Richards, uno de los principales defensores de la ambigüedad en literatura, Jencks dejó escrito: «cuando uno ve una arquitectura que ha sido creada con la misma preocupación por la forma, la función y la técnica, esta ambigüedad o tensión crea una experiencia multivalente en la que uno oscila de significado en significado encontrando siempre una mayor justificación y profundidad».[6] Famoso es también su pasaje en el tan influyente *El lenguaje de la arquitectura posmoderna* glosando las ambigüedades de Le Corbusier en la capilla de Ronchamp (1950-1955). Allí escribió: «El edificio está sobrecargado de metáforas visuales y ninguna de ellas es muy explícita, de modo que parece estar siempre a punto de decirnos algo que no podemos ubicar. El efecto puede compararse al de tener una palabra en la punta de la lengua que no acabamos de recordar. La ambigüedad puede ser dramática, pero no frustrante: uno busca en la memoria las posibles pistas».[7] Las apreciaciones de Jencks sobre la ambigüedad y, en general, en toda la crítica posmoderna, fueron claramente laudatorias aunque se quedaron encapsuladas en una discusión sobre el lenguaje y la imagen de la arquitectura que secuestraron durante décadas los intereses tanto de la teoría como de la crítica. Desde entonces, el discurso sobre la ambigüedad se centró en la representación simbólica de la arquitectura más que en lo que ésta pudiera ofrecer al habitar como experiencia.

Los enemigos de la ambigüedad

Son sin duda de gran peso los detractores de lo ambiguo, el primero y más influyente de ellos el mismísimo Aristóteles. El sabio griego asentó su lógica sobre la base de silogismos —si o no, es o no es, pertenece o no pertenece— en las que la ambigüedad induciría a una falla inadmisible para su procedimiento. El razonamiento aristotélico parte de la *diairesis*, es decir, la distinción dicotómica para alcanzar definiciones precisas donde las cosas son o una cosa u otra, pero nunca dos o más a un mismo tiempo.[8] En todo su desarrollo, la lógica de Aristóteles representó un avance sin precedentes en el pensamiento humano, presentando una teoría general de la deducción en la que se estipulan las bases que rigen los razonamientos válidos y, por consiguiente, una primera teoría de la demostración científica capaz de sustentar los estudios acerca del hombre, la naturaleza y las leyes universales. Por ello se puede afirmar que su influencia en el pensamiento occidental es tal que la computación contemporánea aún se considera como deudora de ella.

La difícil relación de parte del pensamiento aristotélico con lo ambiguo no sólo se encuentra en la lógica, sino también, de manera interrelacionada, en la retórica y la hermenéutica. Para el filósofo, la ambigüedad está directamente ligada con la 'oscuridad'. Desde la lógica esta oscuridad es, más que una duda o confusión, una falta en sí de significado. Desde la retórica y hermenéutica, por otro lado, el significado es lo que el oyente o el lector deducen y la oscuridad es lo que impediría esa deducción. Como señala el propio Aristóteles en su *Metafísica*: «el no significar *una cosa* es no significar ninguna y, si los nombres no significan nada, es imposible dialogar unos con otros y, en verdad, también con uno mismo».[9] Más explícito es al respecto en sus *Refutaciones sofísticas* en las que el filósofo desvela algunas de las engañifas utilizadas por los sofistas para desarmar a sus oponentes mediante argumentos fraudulentos. Entre ellas identifica sus famosas «seis falacias lingüísticas», de las cuales, las dos primeras, la homonimia y la anfibolía,[10] son directamente dos formas de ambigüedad. En sus *Refutaciones*, Aristóteles las define, explica su origen, las clasifica y advierte su amenaza para la 'sana' filosofía. También en su *Retórica* advierte de estas amenazas y, así, el tercero de los cinco consejos para una buena oratoria consiste en evitar las ambigüedades, sello distintivo, según él, de sofistas, poetas mediocres y falsos adivinos. La influencia de Aristóteles sería apabullante en todo el desarrollo del pensamiento occidental, así como en las consecuencias teológicas y morales de la asimilación de la ambigüedad a la oscuridad, es decir, claridad y luz: el bien; oscuridad y tinieblas: el mismísimo mal.

En las disquisiciones del mundo antiguo, la ambigüedad siguió estando muy presente como tema. En los influyentes tratados de retórica de Cicerón y Quintiliano se plantean modos de reducirla acudiendo al uso y al contexto para identificar con mayor garantía las intenciones del orador. «Debe evitarse la ambigüedad», escribió Quintiliano, «no sólo aquella que deja incierto el sentido […], sino aquella que, aunque no turbe el sentido, viene a resultar la misma ambigüedad».[11] Asimismo, los planteamientos lógicos de Aristóteles tienen continuidad en la inacabada *Dialéctica* de San Agustín, donde la ambigüedad se compara, más que con la oscuridad, con un sendero que se bifurca en el bosque. Para el pensador, la ambigüedad es una palabra o una frase pronunciada sin contexto y que, por tanto, puede referirse a un número infinito de cosas (caminos que se bifurcan). «Entre la oscuridad y la ambigüedad hay esta diferencia», escribió San Agustín, «en la ambigüedad se muestran varios aspectos y se ignora cuál es preferible aceptar; en la oscuridad, en cambio, no aparece nada o poco a lo que prestar atención. [...] Cuando el cielo ha clareado ya lo suficiente para los ojos, entonces aparece diáfana la dirección de los diversos caminos; no obstante, se duda de cuál tomar, no por la oscuridad, sino por la ambigüedad».[12] Para San Agustín toda palabra es en realidad ambigua si es tomada individualmente y no como un elemento de un discurso coherente. Más adelante, Boecio, en continuidad también con los planteamientos de Aristóteles, clasificó la ambigüedad como *aequivocatio* o *anfibolia*, indicando procedimientos específicos de desambiguación para distinguir los homónimos y para reformular las anfibolías. Pero si San Agustín diferenció la ambigüedad de la oscuridad, la aportación fundamental de Boecio fue separarla también de la vaguedad. Pues en la ambigüedad, según él, dos o más significados distintos pueden entenderse de manera racional, mientras que en la vaguedad el significado es simplemente indeterminado y, por tanto, potencialmente infinito.[13] Tanto San Agustín como Boecio fueron ampliamente seguidos en el Medievo, pero los estudios que comenzaron con el humanismo se olvidaron de estas sutilezas para volver a las categorías iniciales de Aristóteles cuyos trabajos se divulgarían y citarían, explícita y reverencialmente, *ad infinitum*.

Se puede considerar que el entendimiento contemporáneo de la ambigüedad es un fenómeno esencialmente moderno, impulsado por el espíritu empírico de Francis Bacon y el racionalismo de René Descartes, y sobre los que avanzarán los modelos de pensamiento científico dominantes. Siguiendo la estela cartesiana, el autor francés Bernard Lamy resumió con claridad este nuevo espíritu en *El arte de hablar* (1675): «Un discurso es grandioso cuando es tan extraordinariamente claro que no hay ni una sola palabra equívoca, que no hay ningún significado suspendido, ninguna expresión ambigua, cuando está bien elaborado, cuando la mente del lector es conducida directamente a su meta por el camino más corto, sin la incomodidad de palabras superfluas».[14] La aparición de este tipo de alegatos no debe entenderse como aislada, sino como parte de las transformaciones sociales, políticas y económicas del siglo XVII, el avance de las ciencias, del capitalismo, de la burocratización, y el momento histórico en el que calcular, computar y administrar comenzaron a ser tareas humanas fundamentales.

Desde el punto de vista empirista, Bacon advirtió en *El avance del saber* (1605) de los graves peligros de lo ambiguo y, aunque su discusión seguía estando anclada a la herencia de Aristóteles, consiguió imprimirle nuevos aires con su figura retórica de los «cuatro ídolos», si bien en estrecho parentesco, como él mismo admitió, con las «seis falacias» del sabio griego. Para Bacon, los cuatro ídolos eran representaciones simbólicas de las falacias que impedían un pensamiento claro y un discurso razonado. El tercero de ellos, en particular, los *idola fori*, eran las trampas y los errores de la vida cotidiana vinculados tanto a palabras correspondientes a «cosas que no existen» como a «cosas que existen, pero confusas y mal definidas y derivadas precipitada e irregularmente de las realidades».[15] Si nos fijamos con atención, lo que Bacon hace con este planteamiento es desplazar el problema de la ambigüedad, de la lógica y la gramática, al propio proceso cognitivo: el cómo conocemos las cosas como cuestión previa a cómo construimos nuestros pensamientos. Este giro tan significativo sería el seguido igualmente por John Locke en el que quizá haya sido el más importante análisis de la ambigüedad en la filosofía temprana moderna, su *Ensayo sobre el entendimiento humano* (1689). El filósofo inglés ofrece una descripción detallada sobre la idea de cómo existen palabras que no están firmemente unidas a realidades. De ahí, su veredicto respecto a algunas disputas filosóficas de su época, por ejemplo, es bastante elocuente: «Allí donde se encuentre cualquier debate controvertido o un discurso familiar acerca del Honor, la Fe, la Gracia, la Religión, la Iglesia, etc., no será difícil observar las diferentes nociones que los hombres tienen de ellas que no es otra cosa que esto, que no están de acuerdo en el significado de esas palabras, ni tienen en sus mentes las mismas ideas complejas que hacen de ellas y, así, todas las disputas que siguen a continuación son tan sólo sobre el significado de un sonido».[16] Para Locke, si bien las palabras pueden ser signos que identifican nuestras ideas, estas no tienen ninguna conexión natural con las cosas y, por ello, cada uno de nosotros construye sus ideas complejas a partir de ideas simples derivadas de datos percibidos por los sentidos sin que tengamos seguridad de que las nuestras sean las mismas que las de los demás. Es por esto mismo que las palabras son especialmente susceptibles de inducir a error cuando precisamente representan ideas complejas, «sin conexión cierta en la naturaleza», o bien cuando el criterio para su significado no es fácil de conocer o no coincide con la esencia de la cosa significada.[17] Para Locke, por tanto, la ambigüedad se encuentra en la aprehensión de los elementos con que se construye el proceso racional, haciendo que su verificación pueda estar falseada en su misma base.

Los persuasivos planteamientos de Locke serían seguidos por David Hume y toda la tradición empirista, sentando las bases no sólo del pensamiento científico positivista que dominaría en los siglos subsiguientes, sino de la filosofía analítica y la nueva lógica formal con los que se construiría el espíritu moderno del siglo XX.

En esta larga travesía el *Tractatus logico-philosophicus* de Ludwig Wittgenstein (1923) puede considerarse la culminación de todo el recorrido iniciado por Aristóteles, donde la ambigüedad, por supuesto, nunca tuvo cabida. Sirva de resumen la más conocida y celebrada frase del *Tractatus*: «Todo aquello que puede ser dicho, puede decirse con claridad: y de lo que no se puede hablar es mejor callarse».[18] Wittgenstein, desde una concepción puramente lógica, sitúa unos límites del lenguaje estableciendo un paralelismo entre la estructura del mundo, es decir, del universo físico, y la estructura de nuestro propio lenguaje. Así, nuestro pensamiento es posible porque existe un lenguaje, pero este tiene sentido en cuanto que representa un estado de las cosas del mundo. Fuera de esta relación sólo aguarda el sinsentido.

No hace falta incidir en cuán importantes fueron el positivismo y la filosofía analítica en la construcción del fondo intelectual de la modernidad arquitectónica. Si tomamos por ejemplo el discurso del CIAM como lugar de encuentro intermedio, podemos constatar cómo el espíritu del análisis fundamenta el procedimiento conceptual de sus arquitectos. Así, si la posición analítica se evidencia en la voluntad de ciencia de la época de abordar la complejidad del mundo a través de dividirla sucesivamente en partes menos complejas hasta llegar a las partículas elementales —lo que fue la carrera por llegar al átomo y las partículas subatómicas como idiosincrático gran logro del primer tercio del siglo XX— igual espíritu se refleja en los primeros CIAM. Estos abordaron la complejidad de la ciudad industrial dividiéndola en sus 'partículas elementales': ordenar la estancia, para luego ordenar la vivienda, para luego ordenar los bloques, para luego ordenar la ciudad, como un proceso lógico en el que estos elementos constitutivos guardan su independencia, significados por su función distintiva. Pero no es hasta los años sesenta que se plantean los primeros verdaderos intentos de convertir la arquitectura en una ciencia positiva siguiendo procedimientos unívocamente lógicos. Quizá el más conocido e incisivo de ellos fue el de Christopher Alexander, presentado en su *Ensayo sobre la síntesis de la forma* (1964).[19] Utilizando diagramas relacionales y funciones matemáticas complejas, Alexander propone una resolución científica al problema de la forma arquitectónica, sentando un claro precedente para el diseño generativo en función de algoritmos del siglo XXI, revitalizado, recientemente, por las nuevas posibilidades que ofrece la IA.

En España, con un tono mucho más mundano que el de Alexander, Alejandro de la Sota hizo su propia defensa de una arquitectura lógica y así dejó escrito: «el procedimiento para hacer la arquitectura lógica es bueno: se plantea un problema en toda su extensión, se ordenan todos los datos que se hacen exhaustivos teniendo en cuenta todos los puntos de vista existentes. Se estudian todas las posibilidades de resolver el problema de todas las maneras posibles. Se estudian todas las posibilidades materiales de construir lo resuelto en lo que ya han entrado estas posibilidades. Un resultado obtenido: si es serio y si es verdad el camino recorrido, el resultado es arquitectura».[20] Una arquitectura lógica, un resultado: unívoco, claro. Pero acerquémonos a algunas de las obras del arquitecto. Los balcones para sus viviendas en la calle Prior de Salamanca (1963), por ejemplo, ¿definen estos a una arquitectura 'lógica'? Su solución constructiva se complejiza por el mero hecho de querer conseguir un efecto muy particular: que el volumen vítreo que construye el balcón no se vea reforzado por la carpintería, sino, al contrario, que la carpintería cree un cierto efecto de desmaterialización y, si bien el cajón del balcón queda bien definido como volumen, este mismo a la vez es disuelto o, al menos, resulta más elusivo al cerrar sus aristas en puro vidrio. La experiencia es precisa en cuanto a presentar un volumen claro, pero se contradice en su construcción para que esta definición volumétrica resulte a la vez poco pesada al habitante, ligera.

Otras consideraciones similares podrían hacerse respecto a algunas de las realizaciones más significativos del arquitecto, como el Gobierno Civil de Tarragona (1956-64) ¿Cuál es en realidad la experiencia de este edificio, sino todo un conjunto de ambigüedades y tensiones que estallan y afloran de cabo a fin? Frente al Gobierno Civil presenciamos, más que una respuesta cerrada, un coro múltiple de sucesivas preguntas: ¿de qué se trata en realidad su vivencia? ¿es doméstica o institucional?, ¿dónde empieza lo uno, dónde acaba lo otro? ¿qué los define, la profundidad o aquella piel tersa? La supuesta arquitectura lógica, cerrada y unívoca, transmuta entonces en suspense, en profusión de distintos entendimientos de la experiencia que no podemos del todo situar precisamente, porque la duda nos rodea.

Duda o profusión

No siempre han sido malos tiempos para lo ambiguo. Su fortuna encontraría un giro radical gracias al que sería uno de los libros más influyentes para la crítica literaria anglosajona: las *Siete clases de ambigüedad* de William Empson (1930), efímero profesor de literatura de Cambridge, en realidad formado como matemático. Aunque a menudo se considere como una singularidad, las *Siete clases* se construyen desde la influencia que ya ejercía I. A. Richards sobre una nueva generación de críticos literarios de Cambridge —discutida por ejemplo en obras como *Practical Criticism* (1929)— o algunos trabajos recientes del polifacético escritor Robert Graves —como por ejemplo en *A Survey of Modernist Poetry*, 1927, junto a Laura Riding—. En este caldo de cultivo, Empson planteó un enfoque desprejuiciado sobre la ambigüedad, basándose en las obras de teatro de William Shakespeare o la poesía de autores como Geoffrey Chaucer, John Donne, Andrew Marvell, Alexander Pope, William Wordsworth, G. M. Hopkins o T. S. Eliot, es decir, en poemas de prácticamente todos los periodos de la literatura inglesa desde el siglo XIV hasta su propio tiempo. Para el crítico inglés, la ambigüedad en estas obras no era una indeterminación o una falta de claridad o precisión, sino una herramienta deliberada que el autor utiliza para transmitir múltiples capas de significado e invitar al lector a comprometerse activamente con el texto. Con ello, se entiende además que la ambigüedad debe de considerarse como un valor del texto en sí mismo.

Al inicio de su obra, Empson definió la ambigüedad como «cualquier matiz verbal, por leve que sea, que permita reacciones alternativas ante un mismo fragmento de lenguaje»,[21] y añadió más adelante: «por ambigüedad se entiende la indecisión sobre lo que se quiere decir, la intención de significar varias cosas, la probabilidad de que se haya querido decir una u otra cosa, o ambas, y el hecho de que un enunciado tenga varios significados».[22] Si nos fijamos bien, aunque sus apreciaciones pueden resultar demasiado amplias, tienen la novedad de atender tanto a lo subjetivo como a lo objetivo, tanto a la actitud lectora como a la cualidad existente en la propia obra. En relación con esto, se podría decir que uno de los principales logros del libro fue aunar los dos extremos que parecen activarse cuando hablamos de lo ambiguo: el de la duda y el de la profusión. Es decir, es la percepción de una profusión o multiplicidad de posibles modos de entender un poema o una obra de arte la que nos hace dudar sobre cuál es su sentido correcto. Pero igual ocurre a la inversa, cuando dudamos del sentido es cuando podemos afirmar que existe una profusión o multiplicidad en el ser de la propia obra, y no simplemente en nosotros.

Las *Siete clases* aborda tanto la ambigüedad más básica, esto es, palabras o frases que pueden interpretarse de dos o más maneras, como otras construcciones más complejas. Empson utiliza como ejemplo de 'ambigüedad básica' el poema de John Donne *El sol naciente* (*The rising sun*, 1633). ¿Es una descripción literal de *la salida del sol* por la mañana o más bien el amanecer de una nueva era? Lo mismo se podría encontrar en la poesía española cuando Antonio Machado escribe: «Al olmo viejo, hendido por el rayo/ y en su mitad podrido,/ con las lluvias de abril y el sol de mayo,/ algunas hojas nuevas le han salido».

La fuerza del poema está precisamente en su elemental ambigüedad, es decir, la de ser a un tiempo la descripción absolutamente directa, literal y precisa de un hecho natural, pero, a la vez, la representación de la experiencia emocional de la vida del poeta. Así, partiendo de este tipo de ambigüedad más básica, Empson llega hasta la más sofisticada que denomina como 'ambigüedad irresoluble'. Esta última se produce cuando un texto presenta significados contradictorios que no pueden nunca resolverse con claridad. Se trata de un tipo de ambigüedad que desafía al lector/a, le obliga a mantener en su mente, a un tiempo, las múltiples interpretaciones y a considerar tanto las implicaciones de cada una de ellas como las posibles interrelaciones entre las mismas. Uno de los ejemplos que Empson utiliza para presentar esta 'ambigüedad irresoluble' es el célebre poema de T.S. Eliot *La tierra baldía* (*The Waste Land*, 1922), considerado como una de las cumbres de la literatura moderna. Este largo poema pone ante nosotros una estructura fragmentada y una miríada de imágenes crípticas que nos dejan ante un sinfín de interpretaciones superpuestas y diferentes tipos de análisis posibles. Una ambigüedad transversal a todo el texto que también se puede dar en la prosa, como en el complejísimo *Finnegans Wake* (1939), de James Joyce, obra definitiva del escritor irlandés famosa por su dificultad, sus juegos de palabras políglotas y la densidad de alusiones y asociaciones que se multiplican a lo largo de toda su escritura. Como se ve, los ejemplos más sofisticados de Empson se corresponden con algunos de los ejemplos más canónicos de la literatura de la modernidad y, con ello, el crítico parece poner claramente sobre la mesa que, mientras que la retórica de la modernidad es lógica y cientifista, su cultura se construye con obras en las que, en gran medida, domina lo que algunos considerarían como su mayor enemiga: la ambigüedad más absoluta.

No resulta de extrañar, por otro lado, que Shakespeare y la poesía isabelina sean elementos centrales para Empson, pues representan la traslación de la actitud manierista, sus ambigüedades y paradojas a la literatura. Según Arnold Hauser, que dedicó un importante estudio a una visión abarcadora del fenómeno manierista, este se fundamenta en el importante conjunto de cambios en las esferas económicas, religiosas y sociales que surgen en el siglo XVI y que repercuten en todos los demás ámbitos de la cultura. Para Hauser, por tanto, el manierismo no fue un primo pobre del Alto Renacimiento, sino, tal como indicó Tafuri, el movimiento mismo en el que surgió la experiencia humana moderna. Es decir, el encuentro de las viejas creencias con el nuevo alcance de las ciencias naturales, el florecimiento del capitalismo moderno o la autonomía de la política generan unas turbulencias cuya respuesta artística no puede abandonar una conciencia de crisis respecto a los antiguos valores absolutos y sus expresiones se verán reflejadas en la producción cultural de la época en diversas formas, desde las paradojas presentadas en *El Quijote* (1605-1615) de Miguel de Cervantes, hasta en el auge del género de los *essais* como forma de escritura crítico-subjetiva iniciado por Michel de Montaigne.[23]

El Quijote de Cervantes, en particular, refleja la paradoja manierista en su misma esencia. En gran medida es una crítica al humanismo como forma de cultura que se transmite a través de los libros o, como Peter Sloterdijk describe, como «gruesas cartas a amigos» que generan una hermandad de los elevados en la cultura.[24] Pero leer libros no enaltece necesariamente la propia condición de la persona que lee. En el caso de *El Quijote* tenemos a un hombre sencillo, aquel Alonso Quijano, que, con su clara sobredosis de literatura caballeresca, de egregios hidalgos, damiselas y bestias, se pierde en un sentido irreal del mundo y la vida. Leer con profusión conduce en este caso al absurdo, a la locura, a la estupidez más absoluta. Pero lo que es profundamente manierista es cómo esta crítica a una cultura libresca se lleva a cabo a través, precisamente, de un libro. De este modo, la cultura humanista no es negada, sino enfrentada a sus propias contradicciones desde dentro. La pensadora española María Zambrano también se interesó por las ambigüedades de *El Quijote* en algunos de sus ensayos y en la capacidad de la novela para trasladar una visión existencial y esencialmente humana. En los estudios anteriores de los quizá sean los dos pensadores hispánicos más centrales, Miguel de Unamuno, en *La vida de Don Quijote y Sancho* (1904), y José Ortega y Gasset, en *Las meditaciones del Quijote* (1914), la ambigüedad de la obra fue considerada como problemática. Es Zambrano, por el contrario, la que postula que en las ambigüedades del Quijote se encuentra su valor más genuino. Si Unamuno y Ortega ven en la novela la representación de la tragedia, de esas pocas gotas de sangre helénica que han pervivido por los tiempos en su propia tierra, lo que Zambrano plantea es que «si Don Quijote resulta ambiguo, es más que nada a causa de habérsenos revelado en forma de novela».[25]

Según Zambrano, «la novela se mide en la medida humana (lo lírico y trágico conducen a otro mundo). La verdadera novela nos deja siempre en este lado del mundo».[26] Así, emancipada de lo divino, la novela forma parte de nuestra época extendiendo su desasosiego en la decadencia de lo sagrado. En la tragedia hay un hombre o una mujer guiado (o confundido) por sus dioses, ganando para sí algo de lo divino en ese enfrentamiento continuado entre los dioses y las leyes primigenias del que dependerá su propio destino. En la novela, sin embargo, en el género humano por excelencia, el conflicto será entre la conciencia y el relato. Pues la novela, liberada de lo divino, exige la conciencia, el pensarse a sí mismo, y al pensarse se sueña, se inventa. El hombre y la mujer se enfrentan entonces a construir su propio cuento, el propio relato de su vida, y es la inevitable fragilidad sobre la que se alza el mismo lo que revela Cervantes en su obra. Para Zambrano, en este sentido, «parece imposible superar la perfección cervantina en la ambigüedad. ¿Acaso estaba convencido de la realidad de su ser inventado?»[27] En palabras de la filósofa, lo crucial es cómo «el novelista realiza la ambigua acción de recoger la novelería de su personaje, es decir, de expresarla, de hacerla existir y, al mismo tiempo, de desvalorizar su acción de inventarse a sí mismo, identificarse con su ensueño».[28] El héroe novelesco es llevado hasta los límites de sus propias contradicciones por Cervantes, los límites de su humanidad. Pues desde la liminalidad de su misma conciencia se atreve por enajenación a ir más allá, en su infructuosa ambición de alcanzar lo sagrado. Y en ese deseo transcendental «su caridad se confunde con vanidad, su esperanza se vuelve delirio».[29] Por eso en *El Quijote* se da otra gran paradoja, que el héroe, que dedica todos sus esfuerzos a salvar a los demás, es en realidad el más necesitado. Porque vivimos en esa ambigüedad en la que estamos obligados a soñarnos y, al mismo tiempo, cualquier voluntad de transcendernos sólo puede llevarnos a la burla o el equívoco. La ambigüedad, por tanto, se revela como la base misma de la experiencia humana moderna, en la que autoconciencia y autoinvención se solapan y construyen mutuamente.

Existen otras tradiciones literarias hispánicas que pueden ofrecer entrada a la discusión sobre lo ambiguo. Me gustaría introducir entre ellas la que ofrece la obra del poeta granadino Federico García Lorca. Si en Zambrano el interés sobre lo ambiguo se vincula a lo existencial y humano, a cómo se construye el sentido mismo de la vida, sus paradoja y límites constitutivos, en Lorca tendrá un cariz más material y corpóreo, presente no sólo en su obra poética, sino como transversal a toda su práctica artística. Para el crítico literario Carlos Piera, lo particular del hacer de Lorca es su aceptación de la 'contradicción'.[30] En el poeta granadino, según Piera, esta contradicción puede ser superada sin ser negada. Esta posición sería alternativa a la surrealista con la que, por otro lado, comúnmente se lo ha asociado y, en especial, en su obra poética y teatral alrededor de 1930 (*Poeta en Nueva York* o *El público*). Pues mientras los surrealistas se refugian en la ensoñación —y proponen la construcción de un mundo artificial de ensoñaciones en que las contradicciones del mundo real dejen de existir— Lorca se aferra con ahínco a la realidad corpórea y material de la vida. Por ello, la poesía de Lorca no sólo va a aspirar a crear 'imágenes poéticas', porque la imagen de por sí no puede suspender lo contradictorio. Pero para poder entender bien este punto hay que detenerse en cómo Lorca entiende imagen e imaginación. Sobre las mismas declaró: «La imaginación es pobre y la imaginación poética mucho más. La realidad visible, los hechos del mundo y del cuerpo humano están más llenos de matices, son más poéticos que lo que la imaginación descubre. [...] La imaginación de los hombres ha inventado los gigantes para achacarles la construcción de las grandes grutas o las ciudades encantadas. La realidad ha enseñado después que estas grandes grutas están hechas por la gota de agua. Por la pura gota de agua paciente y eterna».[31]

Según Lorca, el/la poeta de la imaginación se encuentra apresado/a en aquellas imágenes del mundo que ya posee. Para superarlas necesitaría «dejar de soñar y dejar de querer»[32]; soslayar la imaginación, lo que para el granadino es «un *hecho* del alma», para acceder entonces a la inspiración, «un *estado* del alma».[33]

Sin embargo, en su posterior *Teoría del duende* (1931) reniega también de la inspiración para proponer la evasión cómo única vía poética ya posible. Haciendo una asociación entre *ángel, musa* y *duende* y los conceptos de *imaginación, inspiración* y *evasión* respectivamente, para Lorca: «El *ángel* (imaginación) deslumbra, pero vuela sobre la cabeza del hombre, está por encima, derrama su gracia, y el hombre, sin ningún esfuerzo, realiza su obra o su simpatía o su danza [...] La *musa* (inspiración) dicta y, en algunas ocasiones, sopla, despierta la inteligencia, trae paisaje de columnas y falso sabor a laureles [...] En cambio, al *duend*e (evasión) hay que despertarlo en las últimas habitaciones de la sangre».[34]

Para el poeta granadino, por tanto, un reflejo de esa posible poética de la evasión puede manifestarse en ese duende, la clave más profunda del arte flamenco. Un arte que, como ha indicado más recientemente el historiador del arte Georges Didi-Huberman, es «demasiado telúrico y bajo para erigirse en idea, demasiado huidizo —ardiente— para fijarse en objeto». Pues para Didi-Huberman representa un hacer en «el futuro y el pasado, el más y el menos, lo demasiado y lo insuficiente, en la simultaneidad de una materia rebelde, excesiva».[35] En este arte y sus difíciles equilibrios, en sus paradojas corpóreas, Lorca encuentra una promesa de resolución de los conflictos teóricos que se manifiestan en las distintas polaridades a las que se enfrenta su obra desde un inicio: vida/muerte, humano/no-humano, masculino/femenino... Para el poeta, estas oposiciones irresolubles pueden ser abordadas desde el duende, de modo que las contradicciones dejan de ser paralizantes y se manifiestan por el contrario como hechos poéticos. Pero ¿cómo se articula la evasión del duende con una poética de la presencia y la manifestación como la de Lorca? A los ojos del escritor granadino, esto sería posible gracias a una encarnación, al superar un mundo de imágenes y palabras por medio de una transferencia al cuerpo, pues el duende no es una virtud o una habilidad, es una lucha del cuerpo en su sentido más *páthico*, con toda su sutileza y toda su simultánea violencia. Por ello Lorca indica: «todas las artes son capaces de duende, pero donde se encuentra más campo, como es natural, es en la música, en la danza y en la poesía hablada, ya que estas necesitan de un cuerpo vivo que interprete, porque son formas que nacen y mueren de modo perpetuo y alzan sus contornos sobre un presente exacto».[36] Es en sus obras teatrales más experimentales de esa misma época, conocidas como 'teatro imposible',[37] donde ahondará sobre esta cuestión corporal. En ellas otorgará a los cuerpos un modo de actuar que buscará trascender, aunque no negar, el plano mismo de la lengua, superando así las contradicciones que se producen en esta última.

Los dibujos de Lorca a menudo representan estas trasformaciones corporales, la vocación de un beso en la que un cuerpo quiere ser otro cuerpo, superpuesto, unido, uno y el otro a la vez; o el Lorca que se trasmuta en *El Público* (1930), su pieza de 'teatro imposible' donde prevalece una frenética sucesión de 'travestimientos'. Una obra en la que los actores mudan una y otra vez de personaje e indumentaria de manera repentina e inesperada: travestirse, confundirse, intercambiarse como forma de libertad dominada por una ambigüedad consciente que suspende todas aquellas categorías que se vuelven contradictorias en el leguaje. Y en esta experiencia quizá Lorca nos plantee también una manera diferente de entender el espacio, pues en su corporeidad la experiencia espacial no puede ser comprendida como un fenómeno perceptivo individual o psíquico. No es una exteriorización de un algo recóndito, escondido en una psique individual que ahora se proyecta como fenómeno intrínsecamente mental. No puede ser individual, pues sólo existe en cuanto que está compartido, es decir, estaría partido, desgajado, fallido si no está 'con' él/ella, en él/ella y en mí a un tiempo, si no es 'estar-con'. Por ello el espacio no puede ser el recuerdo de una imagen rediviva, sino la experiencia de compartir, de dar mutuamente, como la ambigüedad de un cuerpo que desea a otro cuerpo hasta el límite de perderse en él; la evasión como superación de la finitud individual, aunque sea sólo un instante, sobre ese continuo que el otro logra abrir.

En los años setenta, un arquitecto italiano estaría profundamente interesado por los experimentos lorquianos: la muerte, el cante jondo, la corporeidad del teatro. Nacido y formado en Milán, Aldo Rossi reivindicó en esta etapa de su carrera un cierto 'mundo del sur', donde el poeta granadino sería uno de sus principales referentes. Por eso dijo que «es tan importante que un joven estudie a García Lorca [...] como la historia de la arquitectura moderna».[38] El arquitecto italiano dedicó a Lorca su Teatrino scientífico, desarrollado en torno a 1979 y con anterioridad a su famoso Teatro del Mondo veneciano (1979-80). En el frontispicio de este primero, aparecería un reloj «a las cinco de la tarde», cual aquel ojo mitológico del que habló Cioran,[39] aludiendo al Llanto por la muerte de Ignacio Sánchez Mejías del granadino. El arquitecto le dedicó también a Lorca la serie de dibujos La ventana del poeta en NY, en la que siempre suele aparecer la presencia de un fantasmal cuerpo. Superpuesto a veces a esta sombra comparece el fragmento de otro cuerpo, la mano del santo, la de aquel ambiguo 'edificio-cuerpo' que es el San Carlone de Arona.[40] La obsesión en esos años de Rossi con el cuerpo, cuando trataba de acceder a los recursos que le ofrecería la analogía —vinculación entre memoria y experiencia creativa—, resultó también clara en la aparición constante en sus dibujos de las casetas de playa de su niñez en Elba. Según el arquitecto, estas evocan una directa «identificación con el cuerpo», casi miméticas del mismo, estrechas y alargadas, inseparables de él y vinculadas con todo lo que se adhiere al cuerpo, «con el desnudarse y el vestirse».[41] En 1978, Jacques Herzog y Pierre de Meuron, dos relevantes exalumnos de Rossi en la ETH de Zúrich, trabajaron junto al artista Joseph Beuys en la creación de trajes para el carnaval de Basilea, el conocido como Basler Fasnacht. Los arquitectos siempre han considerado esta como su primera obra, una arquitectura que se ciñe al cuerpo para desplegar una ritualidad de carne enardecida. Con la llegada del carnaval a Venecia, se presentará también el Teatro del Mondo. Su experiencia se supedita a la ciudad. El Teatrino Scientifico, por el contrario, muestra una experiencia privada, un juego personal y doméstico mucho más inmediato en su modo de ser cuerpo. Para Rossi es un dispositivo generador de analogías incesantes donde los objetos cotidianos, edificios urbanos y fantasmas corporales se superponen y confunden sobre un mismo escenario o, en palabras de Rossi, «se convertía en un laboratorio en el que el resultado de la experiencia más lúcida era siempre imprevisto».[42] Para ello se basaba en la repetición, en el rito, pues «nada puede ser más imprevisto que un mecanismo repetitivo de las cuestiones tipológicas de la casa, del teatro».[43] Como el exacto ritmo de la percusión tribal, el matemático compás que rige el flamenco, la obcecada repetición de una misma caseta en la sevillana feria de abril… como todas esas estructuras que ofrecen medida y pauta para el cuerpo para que desde ahí lo inesperado pueda surgir, pues se trata de la belleza convulsa de la que habló Adré Bretón,[44] o de la radical ambigüedad a la que aspiró Lorca, o del deseo de un cuerpo de querer ser otro cuerpo sin dejar de ser él.

Una recepción creativa

La segunda mitad del siglo XX mantuvo ya una relación muy diferente con lo ambiguo. En literatura, la estrella que marcó los trabajos de Empson y Richards entre los más jóvenes dio lugar a una nueva corriente de la crítica que se denominó *New Criticism* y que planteaba el '*close reading*' como una lectura atenta de la obra para descubrir su funcionamiento interno. Con ello se pretendía desvelar el empleo consciente de ambigüedades y asociaciones alusivas, en lugar de la desviación hacia cuestiones psicológicas, históricas o filológicas que imperaron en los modos de crítica anterior. Los *new critics* dominaron la escena de la crítica literaria a mediados del siglo XX, en especial en Estados Unidos, pero no sólo fue en literatura donde se originó una revolución en las teorías críticas. Las aproximaciones a las artes plásticas, en especial aquellas apoyadas por la psicología de la percepción, como las de Anton Ehrenzweig o Rudolph Arnheim, comenzaron también a poner en valor la incertidumbre y la ambigüedad como condiciones comunes y constitutivas de gran parte del arte moderno.[45] Más sistemático en cuanto al estudio de la ambigüedad perceptiva fue Israel Scheffler quien entendió que la imagen tenía un tipo de ambigüedad propia más allá de la estudiada en el lenguaje oral y escrito. Scheffler, parte de ejemplos clásicos donde una imagen puede identificarse, dependiendo de según como se mire, o bien con una figura o bien con otra. Entre ellas están la ilusión pato-conejo, popularizada por Wittgenstein, o la figura de Boring que puede verse como una mujer joven o una mayor, aparte de otras muy conocidas como ilusiones de Escher. Tomando ese punto de partida, Scheffler clasifica la percepción ambigua de una imagen en cuatro grandes categorías: ambigüedad elemental, ambigüedad interpretativa, significado múltiple y metáfora.[46] Como se puede intuir, a pesar de todo, este tipo de clasificación, que ha sido utilizada por diversos autores posteriormente,[47] sigue estando muy en relación con categorías y planteamientos ligados a lo lingüístico.

Aparte de estos acercamientos, lo que podemos apreciar, en general, como más distintivo en los planteamientos críticos en esta segunda mitad del siglo XX, es una sustitución del interés en la 'producción' por el interés en la 'recepción', trastocando los principios modernos positivistas como eminentemente ligados a la obsesión por la 'construcción' de un nuevo mundo y poniendo por tanto ahora el foco en cómo este sería socialmente recibido. En realidad, ya en los años treinta había empezado a emerger este tipo de aproximación y se puede señalar el papel pionero de algunos trabajos de Theodor Adorno como «La regresión de la escucha», luego expandido en alguno de estos aspectos en su conocida *Dialéctica de la ilustración*, junto a Max Horkheimer (1944).[48] A partir de entonces, el 'giro hacia la recepción' dominará los estudios de toda una época: la semiología de Roland Barthes, la hermenéutica de Hans-Georg Gadamer, la deconstrucción de Jacques Derrida... Todos van a proponer poner el peso sobre el receptor, el intérprete, dando un papel central a la persona que se enfrenta a la obra o, en el caso de la arquitectura, a quien la habita.

Un trabajo que recoge esta importancia crucial del receptor de la obra de forma activa y que, además, hizo mucho por rehabilitar la ambigüedad en la obra artística en los años sesenta fue el ensayo la *Obra abierta* (1962) de Umberto Eco. Polémico por las libertades interpretativas que toma para los críticos de arte del momento, para Eco, «la apertura, entendida como fundamental ambigüedad del mensaje artístico, es una constante de toda obra en todo tiempo».[49] Para el pensador italiano, por tanto, la ambigüedad está ligada a toda la historia de la práctica artística, pero es precisamente en su propia época cuando entiende además que esta condición se ha hecho mucho más evidente. Las piezas musicales, literarias, plásticas, ya no se conforman según Eco «como obras terminadas que piden ser revividas y comprendidas en una dirección estructural dada, sino como obras 'abiertas' que son llevadas a su término por el intérprete en el mismo momento en que las goza estéticamente».[50] La obra, por tanto, promueve en su receptor una acción consciente, libre, autónoma, creativa, que lo coloca en una posición central respecto al interminable sistema de relaciones que la obra articula. Es cierto que bien podría decirse que cualquier obra de arte puede inferirse como abierta, que toda obra necesita de un intérprete creativo, capaz de hacerla accesible como reinvención a través de un acto comprensivo y empático con el propio autor. Pero lo que Eco plantea es que, en el mundo moderno, esta consideración se ha transformado en un hecho específico del arte mismo, el de haber adquirido una conciencia y una comprensión crítica respecto al propio proceso interpretativo, conciencia que está lejos de la fruición estética en episodios históricos precedentes aunque, como ya refirió Tafuri, puede encontrar su punto de inicio en el episodio manierista. Eco señala además que el hecho de que «los artistas contemporáneos se acojan a ideales de informalismo, desorden, aleatoriedad, indeterminación» tiene que ver también con formas de «definir los límites dentro de los cuales una obra pueda plasmar la máxima ambigüedad y depender de la intervención activa del consumidor sin dejar por ello de ser 'obra'».[51] Así, en un capítulo directamente dedicado a las artes visuales, añade un ejemplo aludiendo a obras de la escultura moderna: «las formas plásticas de un Gabo o de un Lippold invitan al usuario a una intervención activa, a una decisión motriz en favor de una poliedricidad del punto de partida. La forma está construida de modo que resulte ambigua y visible desde perspectivas diversas en distintos modos».[52] Eco también añade un sugerente, y muy gráfico, ejemplo musical, apuntando a la música atonal de Anton Weber: «en una composición serial de Weber se presentan una serie de sonidos como una constelación en la cual no existen tendencias privilegiadas, invitaciones unívocas al oído. Lo que falta es la presencia de una regla, de un centro tonal que obligue a prever el desarrollo de la composición en una sola dirección. En este punto, los resultados son ambiguos: a una secuencia de notas puede seguir otra cualquiera que la sensibilidad no sabe prever, sino, como máximo —si está educada—, aceptar cuando le sea comunicada».[53] Sensibilidad, empatía, respuesta creativa, posición propia, son elementos que se repiten en estas apreciaciones del autor italiano que, a pesar de ser expresadas por el que será uno de los más importantes semiólogos en la segunda mitad del siglo XX, parecen situar la fruición y relación experiencial con la obra en los límites del lenguaje en el que dominan lo sensible, lo corpóreo, lo afectivo, sin que lo racional y consciente hayan acabado de desaparecer.

Otro relevante semiólogo reconvertido a pensador y teórico literario, Roland Barthes, llegó al final de su carrera a conclusiones similares desde un recorrido dispar. Barthes comenzó a teorizar sobre cómo podría difuminarse la distinción entre lector y escritor, crítica y ficción, y escritor, crítica y ficción en *El placer del texto* (1973). En este trabajo, la implicación activa del receptor con la obra se realiza desde el gozo, la afectividad y el deseo, que Barthes postula como capaces de neutralizar las categorías (sociales, culturales, políticas) que limitan al lenguaje, hasta el punto que la identidad del sujeto podría quedar disuelta en la propia obra, en suspenso, mientras que sin embargo, la presencia de su propio yo se mantendría reforzada en la conciencia del placer propio.[54] Más explícitamente relacionada con la ambigüedad es su digresión sobre «lo neutro», desarrollada justo antes de su muerte a través de los cursos que ofreció en el Collège de France (1977-78). Para Barthes, lo neutro o, como él mismo indica, «el deseo de lo neutro», se presenta aquí como una provocación, como la aceptación radical de la ambigüedad como forma de superación de todas las categorías limitantes que construyen nuestra experiencia. Así, al inicio de sus disquisiciones, Barthes dejó dicho: «Defino lo neutro como aquello que supera al paradigma, o más bien llamo neutro a todo lo que desconcierta al paradigma».[55] Por paradigma se refiere aquí al significado que depende de una oposición binaria de términos: A o B, a favor o en contra, o, en el caso del género, masculino o femenino. Lo neutro sugiere entonces la posibilidad de una 'suspensión' de los conflictos de sentido. Aunque para Barthes este no sea por una carencia, por la negatividad, por el no tener o el no ser, sino por una impasibilidad ante las disyunciones que nos reducen a categorías dicotómicas, lo bello o lo feo, lo bueno o lo malo, devolviéndonos a la experiencia de un presente rotundo en el que el deseo no se neutraliza, pero lo trascendemos de algún modo de su propia necesidad. Para Barthes, las imágenes de lo neutro se han presentado ante nosotros como «malas imágenes» o «imágenes del fracaso, de la impotencia».[56] Por ello, el pensador francés considera que no debemos «tomar partido contra esta imagen» pues «no se protesta contra una imagen porque no sirve para nada. Lo que se puede hacer es desplazar el paradigma», es decir, la división por ejemplo de género entre viril o atractivo, entre activo o pasivo, que el pensador francés propone sustituir por un sentido más abarcador de 'vitalidad'. Pues según él «hay una vitalidad de lo neutro que juega sobre el filo de la navaja: en el querer vivir, pero fuera del querer asir». Y remata su argumento haciendo referencia a un poema de Pier Paolo Pasolini que leyó varias veces a lo largo del curso: «'Dios mío, ¿qué tienes en tu haber entonces?...' '¿Yo? — (un tartamudeo, nefasto no tomé el optalidón, me tiembla la voz de niño enfermo) — ¿Yo? Una vitalidad desesperada'».[57]

No puede pasar desapercibida, para aquellos que tienen un cierto conocimiento sobre las discusiones filosóficas en España, esta alusión a la vitalidad, pues fue José Ortega y Gasset quien más efusivamente abogó por una «razón vital» como forma de superación de los opuestos del realismo y el idealismo. Para Ortega, en la vida humana, el hombre/la mujer y el mundo de las cosas estaban supeditados el uno al otro y uno no podía ser sin el otro, ni el otro sin el uno.[58] También Unamuno desarrolló interesantes teorías en especial respecto al tema de 'lo neutro', y que el pensador vasco entendió como una manera vital de neutralidad activa. Para ser preciso respecto a esta cuestión creó el neologismo 'alterutralidad', es decir, la inclusión del otro sin que este otro fuera llevado por la dominación del uno: «No, neutralidad, no, sino 'alterutralidad'. No 'neuter', es decir, ni uno, ni otro».[59] Aunque inicialmente el término se utilizó para definir una posible posición respecto a la Primera Guerra Mundial, Unamuno lo siguió utilizando más adelante en otros momentos de su carrera y, por tanto, debemos enmarcarlo también en relación con otros aspectos de su filosofía vinculados a la experiencia vital y existencial humana. Se trata en general de la no exclusión del opuesto, de la aceptación del conflicto necesario para engendrar la vitalidad y en esta línea también dejó escrito: «Suele buscarse la verdad completa en el justo medio por el método de remoción, *via remotionis*, por exclusión de los extremos [...] Es preferible, creo, seguir otro método, el de afirmación alternativa de los contradictorios; es preferible hacer resaltar la fuerza de los extremos en el alma del lector para que el medio tome en ella vida, que es resultante de lucha».[60]

Una lectura cultural de la arquitectura, que refleje su experiencia humana, sus conflictos y recursos expresivos, su voluntad de vincularse a la riqueza ritual, corpórea y afectiva de la propia vida, no puede substraerse a muchas de las consideraciones arriba ofrecidas. Por profusión, efusividad y desborde, o por deseo de lo neutro, la ambigüedad navega entre extremos que quedan en suspenso por su experiencia superadora.[61] Podemos por ejemplo acercarnos a la Galería Nacional de Berlín de Mies van der Rohe (1962-68) como una obra donde se condensa todo el proceso de una arquitectura lógica, de una claridad apabullante y manifiesta. Pero podemos ser más sinceros con nosotros mismos, abandonar la habitual retórica y entender que quizá sea uno de los edificios más ambiguos que la modernidad arquitectónica haya podido legarnos. Se accede en escorzo, lo que nos obliga a acercarnos a él en diagonal, sin privilegiar ningún eje en particular en una forma cuadrada que, a su vez, tampoco privilegia direccionalidad alguna. Se desconoce cómo deben establecerse los recorridos, la manera en la que deben desplegarse funciones o programas. Ni si quiera constantes como la orientación solar sirven de referencia, neutralizada aquí, ya que la amplia montera proporciona una profundidad interior donde todo rayo de luz se difumina. Nada otorga prevalencia a ningún sentido u orientación específico pues todas nuestras categorías habituales quedan en un paréntesis.[62] Nos encontramos, seguramente, ante aquella mencionada obra abierta, o quizá, deseante de lo neutro, y que debemos construir y reconstruir en nuestra propia experiencia, con nuestros anhelos o afectos.

En los años cincuenta, la crítica cultural, la literaria y la artística habían abrazado ya con firmeza sensibilidades que permitían aproximarse a un nuevo modo de ver la experiencia arquitectónica, pero la discusión de esta última seguía sin embargo enfrascada bajo el peso de las categorías dominantes en el primer tercio de siglo XX. Por ello, no es de extrañar que una nueva generación de arquitectos como John Hejduk, Robert Venturi, Peter Eisenman, Aldo Rossi, Paolo Portoghesi, Álvaro Siza o Rafael Moneo, que en esos años desarrollaban aún el final de su periodo formativo, no pudieran sino emerger desde una plena impregnación en estas nuevas realidades críticas que acoge una actitud más reflexiva sobre la arquitectura concebida como parte de una experiencia cultural y humana más amplia. A partir de entonces, la fractura entre la recepción del arte, la literatura o la música de la época, y los intereses y expresiones propios de nuestra disciplina, comenzaron a coserse por una miríada de impulsos diversos.

Tanto esto como lo otro

El arquitecto americano que quizá más explícitamente abrazó las nuevas formas de discutir la cultura de la modernidad, desde la literatura a las artes visuales fue Robert Venturi.[63] La ordenación de estas relaciones críticas se construyó a través de los cursos de teoría de la arquitectura que impartió en la Universidad de Pensilvania a principios de los años sesenta que constituiría el origen de su célebre libro *Complejidad y contradicción en arquitectura* (1966). En la construcción de su pensamiento ocupan un lugar central tanto las *Siete clases de ambigüedad* de Empson como la lectura desde la psicología de la *gestalt* de las artes visuales y, de hecho, uno de sus mayores méritos es haber unido ambas para crear una innovadora forma de discutir la arquitectura. En su particular acopio de la cultura moderna, el crítico de cabecera para Venturi sería T. S. Eliot que, aparte de su faceta como poeta, había prestado una importante dedicación a la crítica literaria. Eliot define el trabajo del crítico como «un desinteresado ejercicio de inteligencia» y la finalidad de la poesía como «una contemplación pura desde la que todos los accidentes de la emoción personal han sido eliminados; de modo que aspiramos a ver su objeto en sí».[64] Este alegato sobre 'ver el objeto en sí' se vincula más a un Venturi preocupado por los aspectos formales de la arquitectura que por aquellos lingüísticos que luego acompañarán el resto de su carrera junto a Denise Scott-Brown. La presencia del pasado también se hace muy relevante en el arquitecto americano, no sólo por su relación a veces tortuosa con su maestro Louis I. Kahn, que ya profesaba un cierto gusto por recuperar inclinaciones clasicistas,[65] sino porque sus estancias en Europa, en especial, como pensionado en la Academia Americana en Roma (1956-57), le habían hecho imposible substraerse de aquellas arquitecturas del pasado que había visitado mientras elaboraba sus teorías. El interés por la arquitectura del pasado en el joven arquitecto americano se encuentra muy tempranamente en su carrera y con anterioridad a su estancia en Roma. En 1950 realizó su tesis de master en la Universidad de Princeton sobre *El contexto en la composición arquitectónica*, donde tomaba como caso principal de estudio la renovación que Miguel Ángel hizo de la colina capitolina y cómo las preexistencias habían dado lugar a una arquitectura que se desviaba parcialmente de la norma para poder abordar su tarea integradora.[66] No sólo se trata de una reflexión que se fomenta desde un interés en la arquitectura. También, de nuevo en Eliot, se puede encontrar una productiva relación con el pasado que tendría en el joven Venturi una gran influencia. Para Eliot: «Ningún poeta o artista en ningún arte tiene un significado completo por sí mismo. Su significado, su apreciación, está siempre en relación con los poetas y artistas muertos».[67] Los postulados de Eliot sirvieron también a Venturi para acercarse a esta apreciación intelectualizante y formal de la arquitectura, pues el propio poeta señala, y aquí se podría hacer un paralelo con la arquitectura, que «la poesía no es una liberación de emociones, sino una huida de las emociones; no es la expresión de personalidad, sino una huida de la personalidad. Pero, por supuesto, sólo aquellos que tienen perso-nalidad y emociones saben lo que significa huir de las mismas».[68]

Que Eliot sea la figura de referencia no significa que Empson no fuera relevante para Venturi y, de hecho, la influencia en su modo de análisis de la arquitectura no puede ser en absoluto minusva-lorada. De hecho, una de las formulaciones más famosas de *Com-plejidad y contradicción*, el que las obras en lugar de «o esto o lo otro» (either… or…), puedan ser «tanto esto como lo otro» (both… and…), está tomada literalmente del crítico literario. Así, en *Siete clases de ambigüedad* Empson señala «yo he dicho a menudo «o esto o lo otro» (either… or), una discriminación lógica, cuando en realidad quería decir «tanto esto como lo otro» (both… and)».[69] La manera en la que Venturi va a entender la ambigüedad va a estar directamente ligada a la referencia de Empson que encuentra tanto en la poesía de T. S. Eliot como en el teatro de William Shakes-peare ejemplos fundamentales para el desarrollo de sus ideas.[70] Venturi traslada este interés por la ambigüedad en el texto a su equivalente en la imagen. Para el arquitecto americano, desplazada la componente simbólica, esta lectura de la imagen se vincula al entendimiento de la forma y para ello utiliza los principios cogniti-vos con los que trabaja la Gestalt. En *Complejidad y contradicción* Venturi cita por ejemplo a Wolfgang Köhler y su libro *Psicología de la gestalt* (1947) que en su segunda edición incluye ejemplos artísticos, —un tipo de aproximación que estaba muy en boga dentro de la crítica artística norteamericana—.[71] A rasgos generales, la *gestalt*, o psicología de la imagen o la forma, trata sobre la manera en la que las categorías más básicas nos permiten entender las formas que se nos presentan —por ejemplo, es una o dos, se superponen o se cruzan— y estas categorías para Venturi son fundamentales en el modo en el que nos acercamos a cualquier obra. El *Complejidad y contradicción* el arquitecto comienza a preguntarse en esta línea: el castillo de Grimsthorpe de John Vanbrugh en Lincolnshire (1715–1730), cuando nos acercamos en su vista frontal y protocolaria, los pabellones laterales, desvirtuados por la perspectiva ¿son grandes o pequeños? O el ejemplo romano de Luigi Moretti en su Casa Il Girasole en Via Piaroli (1949-50), cuando lo vemos también frontalmente con esa fractura en el centro ¿es uno o dos edificios? Es decir, estas arquitecturas no son «either… or…» o una u otra cosa, sino las dos cosas a la vez, «both… and…» y es esta ambigüedad y tensión la que según Venturi da una especial riqueza a su experiencia. Miguel Ángel será sin duda uno de los protagonistas de este heterodoxo cómputo de operaciones de proyecto que manifiestan la ambigüedad que Venturi investiga.[72] El maestro italiano está ya en la portada del libro con su romana Porta Pia (1561-65), todo un alegato sobre la recuperación del interés de la arquitectura del pasado para la práctica contemporánea. Consideremos que estamos en plenos años sesenta, con una modernidad triunfante a nivel global, donde se suceden agresivos *urban renewals*, donde empieza a triunfar una modernidad orgánica, gestual, autoreferencial, exuberante —extraordinariamente cara y por ello poco democrática, según Venturi— y unos nuevos 'héroes' modernos como Jørn Utzon, o en América, Paul Rudolf —al que se enfrentó a menudo en sus escritos—. Venturi encuentra por oposición en Miguel Ángel cómo la respuesta a condicionantes particulares genera una arquitectura que no inventa nuevos sistemas expresivos de la nada, sino que modifica y adapta el lenguaje y los sistemas compositivos clásicos ya existentes para enfrentar la arquitectura a los retos que estos condicionantes le procuran. La base de esta actitud Venturi la halla en el manierismo, y de ahí la pertinencia de Miguel Ángel como uno de los iniciadores más sofisticados de este modo de hacer en su etapa tardía como arquitecto. En el contexto de *Complejidad y contradicción*, que sabemos que como borrador llegó a tener el título de *Mannerism in architecture*, se entiende el manierismo no como un estilo epocal, sino como una mentalidad hacia el proyecto que es transversal a toda la historia de la arquitectura.[73] Por ello, en un

manifiesto escrito para la Bienal de Venecia muchos años después seguía indicando su voluntad de reivindicar un manierismo: «Como el de Miguel Ángel, que no inventó un nuevo estilo, sino que adaptó un vocabulario existente y lo hizo sublime», y concluía: «Una arquitectura manierista, al fin y al cabo, cuya inconsistencia válida y vital crea tensión estética y cuya ambigüedad válida y vital realza el significado: ¡Viva el manierismo!».[74]

Un hecho relevante que me gustaría puntualizar es que muchos de los ejemplos que propone Venturi a lo largo de todo el libro no son simples juegos intelectuales o formales. La mayor parte diría que presentan una clara operatividad en la manera de afrontar los dilemas a los que se enfrenta el proyecto. Volvamos por ejemplo a Moretti. Nos encontramos ante un encargo privado de viviendas para un perfil de cierto nivel adquisitivo en un solar bastante profundo. Respondiendo al mismo, que para el cliente tiene por supuesto que ver con optimizar beneficios, el arquitecto maximiza el volumen edificado embebiendo incluso los tradicionales balcones a la vía principal dentro de la piel del edificio. Es innegable que esta operación da lugar a una presencia masiva y poco doméstica (o favorecedora) del edificio y a reforzar la profundidad y oscuridad en el corazón del mismo. Pero acompañando esta primera operación Moretti decide también crear una delgada y dramática fisura en la fachada sur, rompiendo la masividad del edificio —que se refuerza con la revelación de la finura de la envolvente en sus costados—, permitiendo ahora apreciar el edificio como dos volúmenes menores —a pesar de que siga pudiendo entenderse como uno solo al mismo tiempo—. Pero es que esta fisura también resuelve que en su orientación más favorable, la sur, se faculte un acceso de luz al centro mismo de la edificación, irrigando así de luminosidad las zonas de acceso y circulación: espacios fundamentales de representación en una vivienda que aspira a ser recibida por una cierta clase social.

La ambigüedad está por tanto al servicio de la manera de abordar estas condiciones contradictorias del encargo, siendo plenamente operativa para la forma de resolver el proyecto. En otros casos, como en la Porta Pia, se trata de abordar condiciones urbanas complejas que hacen que Miguel Ángel introduzca operaciones formales que den lugar a una ambigüedad escalar, que permite al edificio responder a circunstancias de experiencias que quedan superpuestas. La Porta Pia mantiene una escala 'muraria', en relación con el cierre en el que se sitúa formando parte de él. Pero, al mismo tiempo, debe de ser referencia urbana y de ahí que deba poseer una diferente escala de ciudad. Para abordar este problema, Miguel Ángel coloca un inventivo orden superpuesto a la puerta sobre su mismo eje, de modo que le hace alcanzar esta escala mayor necesaria. Sin embargo, este elemento superpuesto es tan esbelto y limitado que hace que se siga entendiendo a la vez la otra escala menor y la una y la otra coexisten a un mismo tiempo. La ambigüedad escalar es uno de los recursos favoritos de Venturi que cuenta en Miguel Ángel con ricos ejemplos: la escalera de la biblioteca Laurenziana ¿es grande o pequeña? Porque es enorme en el vestíbulo, pero normal e incluso pequeña respecto al amplísimo espacio que la sucede. O la solución del ático de San Pedro en Roma: un 'medio orden' que Miguel Ángel quiere aportar para dar esbeltez a una configuración formal ya construida que resultaba demasiado rechoncha. Para abordar este problema el maestro italiano introduce inusitadamente, y contra las normas habituales de la cantería, unos huecos horizontales que resultan pequeños y adecuados por su disposición y proporciones en aquel 'medio orden', pero que en realidad son gigantes y así se constataría si los rotáramos. En ambos casos la ambigüedad es utilizada para absorber la dificultad de encuentros entre elementos a menudo dictados por condiciones preexistentes, situaciones urbanas, etc. Venturi recoge ejemplos no sólo históricamente manieristas, sino también de épocas posteriores en la que encuentra una actitud similar. En varias ocasiones comenta algunas de las seis iglesias londinenses de Nicholas Hawksmoor que, erigidas entre 1712 y 1930, formaban parte de un plan para articular los nuevos barrios que emergían en la periferia popular de la ciudad a principios del siglo XVIII. En Christ Church (1714-1729), que remata el crecimiento del barrio de Spitafields, el edificio parece contener en sí mismo distintas escalas superpuestas. Desde la experiencia cercana, con sus potentes contrafuertes, el desarrollo superior se pierde y la escala es peatonal y mundana, como la del resto de los edificios circundantes, haciéndose así afín a lo ya existente. Pero como elemento referencial del barrio el edificio necesita a su vez una escala mucho más urbana y una serie de órdenes se superponen para dar una majestuosa escala de ciudad que se observa desde el fondo de la calle principal, en su conjunto. En el caso de Saint George en Bloomsbury (1916-19200) la forma del solar y la situación urbana del edifico, en aquel momento en esquina, hacen que su disposición espacial se genere alrededor de dos ejes, respondiendo a las dos direcciones con las que se relaciona urbanamente. Así, un eje se alinea con la entrada: las escaleras, el enorme pórtico y un desarrollo interior hacia un altar en realidad menor. Mientras que el otro eje se desarrolla transversalmente, de la torre al altar mayor. Este doble eje, que parte de una disposición dual respecto a la trama urbana, propicia todo tipo de ambigüedades que se trasladan, a su vez, a nuestra experiencia del interior del templo pues, al situarnos en él, ¿cómo debemos privilegiar el entendimiento de su espacio?, ¿longitudinal o transversalmente?

Cuando Venturi comenzó a desarrollar su carrera profesional en los sesenta, después de su aprendizaje durante la década anterior en las oficinas de Eero Saarinen o Louis Kahn, el joven arquitecto trató de integrar estas operaciones de proyecto en sus propias obras. La utilización de una ambigüedad escalar está claramente presente en la no construida casa de playa (1959), el edificio para las North Penn Visiting Nurses Association, con William Short (1961-63), o la archiconocida casa para su madre, la Casa Vanna Venturi en Chestnut Hill, Pennsylvania (1959-64). El argumento subyacente que acompaña especialmente a estas dos últimas es una especie de monumentalización de la *suburbia*, el lugar donde de verdad transcurren los sueños y anhelos del americano medio. Ya en la North Penn Visiting Nurses Association, primera obra que construye el arquitecto, la ambigüedad escalar que le interesa aparece plenamente desplegada. Por un lado, el edificio aspira a transmitir el mencionado carácter monumental, dando importancia a lo que en realidad es ordinario, cuando se muestra hacia la calle, es decir, desde el vehículo en movimiento. Una serie de singulares manipulaciones formales son necesarias para producir este efecto, como la introducción de un semisótano que, al crear un medio nivel, acaba conformándose como un podio sobre el que se eleva el piso superior exageradamente fenestrado. La misma fachada se estira más allá de la planta para aumentar su superficie visible y el tamaño de las grandes ventanas se aumenta para ampliar ese aspecto de 'sobrescalamiento' deseado. Pero esta aspiración a la grandiosidad con medios pobres no es incompatible con otra escala menor, más cercana a la vida cotidiana y al peatón y que queda refugiada tras el saliente de la fachada. Esta dará la bienvenida a los usuarios cuando se aproximen al edificio desde el aparcamiento una vez se hayan bajado ya de su automóvil. Ambas ideas se superponen, la voluntad monumental y la vocación doméstica y acogedora, y las dos coexisten como forma de ambigüedad que responde a lo que quiere plantear el proyecto.

En la casa para su madre, la ambigüedad escalar vista en la North Penn Visiting Nurses Association se lleva aún más lejos. Una vez más, la fachada frontal monumentaliza al suburbio estadounidense y su habitante, el lugar cotidiano, ordinario y común donde el sueño americano se despliega. La monumentalización de la casa se consigue en este caso mediante una frontalidad clásica, casi ceremonial, haciendo referencia a la llegada de un carruaje a una gran villa, como podríamos imaginar la llegada al castillo de Grimsthorpe de Vanbrugh, en su caso, con esos pabellones laterales que engrandecen el conjunto de manera ficticia. Se trata de un recurso de la arquitectura señorial inglesa del siglo XVIII, propio también del paisajismo pintoresco que buscaba la manipulación perceptiva para inducir un sentido de grandeza que satisficiera el deseo exhibitorio de las nuevas clases pudientes. Una vez más, la imponente escala frontal es el resultado de la disposición del programa en sección, con la inclusión de una pequeña habitación de invitados que, junto con la sobre-elevación de la chimenea, produce una fachada de tres pisos para una casa que en realidad sólo necesitaría uno. Pero en la Casa Vanna Venturi, de nuevo, esta pretendida monumentalidad frontal convive con otra completamente diferente y que sólo puede apreciarse lateralmente, cuando nos acercamos y la rodeamos una vez que hemos aparcado el vehículo. Esta otra escala revela el verdadero carácter modesto y cotidiano de la vivienda. Venturi publicó en *Complejidad y contradicción* dos fotografías de la casa en la misma página como modo de mostrar estas dos escalas coexistentes del edificio, y con el propio habitante significando ambos sucesos. En la imagen frontal aparece la madre sentada en el centro, en la gran entrada —aunque la puerta real de acceso sea luego pequeña y oculta en el lateral—. La madre en el centro se exhibe como si fuera objeto de veneración o ensalzamiento mientras en la visión lateral de la misma casa ella se muestra frágil y cotidiana, desarrollando triviales tareas domésticas como el barrer las hojas otoñales un domingo. Con el paso del tiempo, y con una lectura más lingüística de la casa en la agenda, tanto en el arquitecto, como en la crítica del momento, la segunda imagen empezó a desaparecer de las publicaciones para convertir en canónica sólo a la primera, a pesar de que, para Venturi, y respecto a los argumentos de *Complejidad y contradicción*, la mejor forma de entenderla fuera el presentarlas juntas, como un auténtico manifiesto de esta irónica ambigüedad que unidas significan.

La recurrencia a la ironía no debe de pasarse por alto en Venturi, que abogó por ella de manera explícita. En la América de los años sesenta la ironía se había convertido ya en una estrategia cultural dominante que trataba no sólo de soslayar el creciente dogmatismo de posguerra, sino la seriedad de los grandes relatos intelectuales de la modernidad con el fin de bajarlos al terreno ordinario de la persona media. Las propuestas de Venturi siempre se entendieron por él como deliberadamente irónicas. La monumentalización de la *suburbia* no dejaba de ser un juego, es decir, a pesar de sus manipulaciones formales para generar un sentido de grandeza, su realización se mostraba claramente menesterosa. No es posible pensar que las aspiraciones de autoensalzamiento de la clase media americana estuvieran realmente respondidas por estas propuestas, a no ser que las mismas fueran consideradas como un chiste. Décadas más tarde, intelectuales críticos con la cultura americana de esta época, como David Foster Wallace, pondrían el dedo en la llaga sobre las consecuencias que este tipo de posicionamientos tendrían, pues según él, «la ironía, por entretenida que sea, cumple una función casi exclusivamente negativa. […] (y) es singularmente inútil cuando trata de construir algo que sustituya a las hipocresías que desacredita». El escritor norteamericano remata entonces su argumentación con un perspicaz pensamiento: «Toda la ironía estadounidense se basa en un implícito 'no quiero decir realmente lo que estoy diciendo'. Entonces, ¿qué quiere decir la ironía como norma cultural? ¿Que es imposible querer decir lo que se dice? […] Cualquiera que tenga el descaro herético de preguntar a un ironista lo que realmente quiere decir acaba pareciendo un histérico o un mojigato. Y aquí radica la capacidad de opresión de la ironía».[75] Podría decirse, por tanto, que lo irónico paraliza la función de una verdadera operatividad, pero lo paradójico aquí es que, mientras que los proyectos tempranos de Venturi siempre se presentaron bajo el márchamo de la ironía, la mayor parte de los ejemplos glosados en *Complejidad y contradicción* son cualquier cosa menos esto. En los últimos, en las operaciones formales de Miguel Ángel, por ejemplo, como modelo predilecto para el arquitecto americano, las manipulaciones de los sistemas que los arquitectos conocen desde su propia disciplina, de los que son sabedores de sus posibilidades, limitaciones y experiencia, tienen por lo general una finalidad claramente operativa que sirve para abordar las circunstancias a las que se enfrenta la obra. Venturi, por el contrario, y quizá siguiendo en esto al mismo Empson, encuentra en estas manipulaciones la posibilidad de un divertimento intelectual más que un modo de abordar problemas complejos en arquitectura.

En la propia obra de Venturi vemos cómo la complejidad y la contradicción no está tanto en las condiciones del encargo, donde la respuesta ambigua sería una manera sofisticada de posicionarse ante ellas, sino que es el proyecto el construye por sí mismo sus propias complejidades y contradicciones de forma autónoma.

Es decir, es Venturi el que se crea sus propios problemas al tratarse sobre todo, y fundamentalmente, de un sofisticado juego.

No sólo la relación de la teoría de Venturi con su obra ofrece estas disensiones. Más allá de las manipulaciones formales mencionadas, no se puede negar que en proyectos como la Casa Vanna Venturi se encuentren ya explícitamente motivos lingüísticos y simbólicos muy precisos. Las contradicciones entre lenguaje y construcción se convierten también en un *leitmotive* recurrente y evidente en su obra. Es muy conocido cómo la moldura curva sobre la entrada a la vivienda forma un gran arco que denota monumentalidad clásica, contrastando con el remate real y vulgar de un dintel plano que forma estructuralmente ese mismo hueco de la entrada. El dintel y el arco acentúan el desencuentro entre aquello que es tectónico y aquello que es sólo comunicación simbólica. La misma contradicción tectónica/comunicación está presente en la North Penn Visiting Nurses Association, donde ocurre un hecho similar en la entrada, así como en la Guild House de Filadelfia (1960-63) diseñada con Rauch, Cope y Lippincott. A pesar de que esta clara aproximación semiológica a la arquitectura ya está presente en estas primeras realizaciones, las explicaciones que da de ellas en *Complexity and Contradiction* en el capítulo final «The Obligation Toward the Difficult Whole» no se centran en las cuestiones lingüísticas o comunicativas, sino en los recursos de la ambigüedad formal que ha ido discutiendo a lo largo de todo el libro.[76] Desde finales de los años sesenta, sin embargo, y en conjunción con la presencia de Denise Scott Brown, el enfoque lingüístico prevalecerá cada vez más y de manera más consciente. Este abandono de los intereses formales iniciales, y la desviación recurrente hacia a la ironía y los problemas creados por uno mismo hará que tengan que ser otros los que acaben de explorar las posibilidades de los descubrimientos teóricos de Venturi, o lo que es lo mismo, cómo la ambigüedad se ofrece, más allá de un simple juego formal, como un modo operativo de enfrentar el proyecto.

Ambigüedad y contexto

Una de las críticas que más comúnmente se le hicieron a Empson fue que, en realidad, muchas de sus celebradas ambigüedades no hubieran sido tales si hubieran estado provistas de un contexto adecuado. Es decir, si el lenguaje hubiera sido puesto en una situación más acotada, la ambigüedad se habría despejado. Sin embargo, ¿podría ser precisamente el contexto el desencadenante de las más variadas expresiones de lo ambiguo? En la cultura moderna, la reapropiación del lugar produjo una distorsión de su propia lógica interna que merecería una relectura desde este punto de vista. Esta reflexión también tiene su propia base filosófica. Si existe un pensamiento que ha influido determinantemente en la segunda mitad del siglo XX respecto a la relación entre el lugar y la obra humana ese es el de Martin Heidegger. Quizá, para entenderlo en su aplicación a las artes y la arquitectura, sea más pedagógico acercarse a algunos de los ensayos que empezó a escribir desde finales de los años treinta, como *El origen de la obra de arte* (1936) o *Por qué los poetas* (1946), así como *La pregunta por la técnica* (1953) o su fundamental *La época de la imagen del mundo* (1938). Estos textos están directamente relacionados con la experiencia moderna, con el mundo en el que vivió Heidegger desde finales de los años treinta, conviniéndose además en ellos un acceso más asequible a sus principios filosóficos ya presentes en su obra capital *Ser y tiempo* (1927). En estos otros textos la preocupación fundamental de Heidegger es una crítica a la cultura moderna en la que señala el avance de una separación radical, una profunda cesura. En *La época de la imagen del mundo* sostiene: «La imagen del mundo no pasa de ser medieval a ser moderna, sino que es el propio hecho de que el mundo pueda convertirse en imagen lo que caracteriza la esencia de la Edad Moderna».[77] En la dirección contraria a la tradición analítica, lo que Heidegger plantea como propio de lo moderno es una creciente fractura, una disyunción entre la 'tierra' y el 'mundo', entendiendo, en palabras sencillas, el 'mundo' como el *logos* y los signos y sistemas de los que nosotros los humanos hacemos uso para administrar y dar sentido a nuestra realidad; y la 'tierra' como la realidad física y fenomenológica que se presenta ante nuestros sentidos. La «época de la imagen del mundo» es la que vivimos ahora, según Heidegger, como consecución final de un mundo que ha subsumido completamente a la tierra hasta volverse del todo autorreferencial. En *El origen de la obra de arte* añadió también a este respecto: «Reposando sobre la tierra, el mundo aspira a estar por encima de ella. En cuanto que eso que se abre, el mundo no tolera nada cerrado, pero por su parte, en tanto que acoge y refugia, la tierra tiende a englobar al mundo e introducirlo en su seno. Este enfrentamiento entre la tierra y el mundo es una lucha».[78]

En esta escisión que se abre en la experiencia moderna el lenguaje pierde entonces su centro al perder progresivamente su relación con la tierra. Aparece un lenguaje ocluido, incapaz de abrirse a la tierra, cerrado, mascullante, como el que emana de algunas de las obras cumbre del periodo, por ejemplo, la trilogía de Samuel Bekett *Molloy*, *Malone muere* y *El innombrable* (1951-53). En un famoso monólogo para la BBC Radio de 1957, este lenguaje anhelante se escuchó del siguiente modo: «A menudo ahora mi murmullo vacila y muere y lloro de felicidad mientras avanzo y de amor por esta vieja tierra que me ha llevado tanto tiempo y cuya infelicidad pronto será mía. Justo bajo la superficie estaré, todos juntos al principio, luego separados y a la deriva, por toda la tierra».[79]

Pero el camino que vamos a recorrer ahora es el contrario. No es la constatación de este vacío, la deriva del *logos*, la desarticulación del sentido, camino transitado también desde otras disciplinas por John Cage o Ad Reinhardt entre otros,[80] sino el contrario, el intento de trazar puentes, la construcción del encuentro. Para ello me gustaría centrarme en otro concepto que, a mi entender, contiene subyacente esta discusión, pero desarrollándola en modos más operativos y expresivos. Se trata del concepto de 'modificación', como un modo particular del hacer en arquitectura y que sugirió en los años ochenta Vittorio Gregotti durante su periodo como director de la revista *Casabella*.[81] Gregotti encuentra una vinculación entre 'pertenencia' y 'otredad', lo que además hunde su base en otras ramas del pensamiento continental de posguerra en torno a la noción de la 'alteridad' o 'lo otro' y que se puede relacionar también con el pensamiento de Heidegger. Entre los arquitectos, en los años ochenta y noventa, estas ideas se harían conocidas gracias a las reivindicaciones del trabajo de Jacques Derrida por Peter Eisenman o Bernard Tschumi o por la influencia que algunos textos de Michel Foucault tuvieron sobre los teóricos de la época, pero sus orígenes se remontan a todo un conjunto de discusiones hermenéuticas, entre las que se encuentra también la aportación del filósofo judío-francés Emmanuel Levinas, que es especialmente útil aquí. Para Levinas: «Una obra concebida radicalmente es un movimiento de lo *mismo* hacia lo *otro* que nunca retorna a lo *mismo*. Un trabajo de estas características requiere una generosidad radical del movimiento en el que lo *mismo* va hacia lo *otro*, pero consecuentemente requiere también una ingratitud de lo *otro*, ya que gratitud sería el retorno del movimiento a su origen».[82] La deformación de un lenguaje propio, lo que consideramos como 'lo mismo', como lo nuestro para quien lo enuncia, en el movimiento de tratar de abrirse a 'lo otro', a comprenderlo —siendo ese 'otro' radical y esencialmente distinto a mí—, genera un nuevo lenguaje que ha perdido su centro en sí mismo, pero que en su deformación construye precisamente un vínculo de pertenencia entre 'lo mismo' y 'lo otro'. Esta misma idea se podría aplicar a los conceptos anteriores de 'tierra' y 'mundo' y tiene ecos en el concepto de modificación de Gregotti, cuando, junto con Bernardo Secchi o Franco Rella, trataba de entender el modo de hacer de Álvaro Siza, Juan Navarro Baldeweg o Francesco Venezia. Gregotti, en particular, se refiere a un modo de hacer que integra dentro del proyecto arquitectónico materiales que le son totalmente ajenos y que provienen en un sentido amplio del contexto —huellas e indicios, trazas y fragmentos, recuerdos de una cultura material o de un relato—, con el fin de relacionar el edificio con el entorno en el que debe quedar imbricado. Pero en lugar de tratar de homogeneizar estos elementos preexistentes dentro de la armonía y lógica del proyecto, el procedimiento sirve para resaltar las asimetrías, la otredad del contexto respecto a dicha lógica, estableciéndose así una relación entre 'diversidad' y 'pertenencia'. En palabras de Gregotti: «La noción de pertenencia desarrolla relaciones transversales para las cuales el proyecto representa primeramente un proceso de modificación: uno que atrae y organiza los detritos contenidos en el terreno y que construye desde ellos asimetrías, densidades variables y valores de lo diverso».[83]

Desde esta perspectiva, el 'lugar' es la capacidad de reconstruir la relación 'tierra-mundo' y crear un cierto sentido de pertenencia. Pero este no se realiza a través de una mimetización con la tierra, sino a través del desvelamiento de la otredad radical que es la 'tierra'. Es de este modo, a través de la diferencia, como se articula la relación entre dos realidades ajenas entre sí, la arquitectura (conocimiento disciplinar según modelos y lenguajes) y el contexto (realidades físicas y culturales y sus especificidades). Este procedimiento se acercaría al que Heidegger entendió presente en el trabajo de algunos poetas, como Rainer Maria Rilke: un desvelamiento, una esperanza para un modo en el que la 'tierra' pudiera de nuevo abrazar al 'mundo'.[84] Así, al igual que la poesía disloca y distorsiona el lenguaje común para abrirse a nombrar lo que quedó al margen, la arquitectura se abre a encontrar la alteridad de su realidad terrena.

Me gustaría utilizar esta conceptualización de la dialéctica entre la tradición disciplinar del Movimiento Moderno —universalista, lógica—, y las diferentes pregnancias del entorno concreto —en realidad, su radical otro—, para explicar la arquitectura de aquel que se ha considerado como maestro de una arquitectura del lugar, el arquitecto portugués Álvaro Siza. En su obra, el lugar está entendido en cierto modo como el reconocimiento de esta irreducible alteridad de la cultura y fisicidad de un territorio respecto al proyecto, pero donde, paradójicamente, es precisamente el proyecto el que revela ante nosotros a ese otro. Esta actitud surge en Siza desde sus primeras obras y quizá una de la más ilustrativas siga siendo sus celebradas piscinas de Leça da Palmeira (1960-66), un proyecto que el propio Siza reivindica como su primera obra, si bien tiene varias obras menores previas. Las piscinas no son más que un modesto proyecto que le ofrece el Ayuntamiento de Matosinhos, pueblo natal de Siza a las afueras de Oporto, para dotar de vestuarios y aseos a la playa de Leça de Palmeira y generar también unas piscinas de agua natural en un terreno peligroso para el baño. El modo de hacer de Siza está muy bien definido por estas palabras de Manuel Aires Mateus: «Las condiciones originales son reveladas a través de otro sistema, preciso y autónomo. La piedra encaja con el hormigón, la naturaleza con la geometría. Cada elemento es reforzado para resaltar las piedras, la arena, el mar. La geometría no reemplaza la condición preexistente, sino que revela su propia evidencia».[85]

Siza usa el lenguaje y la tradición del Movimiento Moderno, que es el que conoce, en el que se ha formado. De ella toma sus modelos operativos: esa pieza lineal de hormigón, abstracta, estructural, perfectamente funcional y ordenada, que pareciera un pabellón miesiano, y esos dos receptáculos para recoger el agua natural y crear piscinas de agua salada allí donde por el oleaje y las rocas es difícil bañarse. No obstante, al entrar en contacto con el contexto concreto, este lenguaje cerrado se abre a entender al 'otro' y, así, se modifica, se disloca y se transforma de modo que ya no es el lenguaje original de la modernidad, pero tampoco es la mímesis con la propia tierra. Su presencia ante nosotros es ambigua, es proyecto (nuestro) y tierra (otra) a un mismo tiempo, como si quisiera reestablecerse la relación ambicionada por Heidegger tierra/mundo. Porque un lenguaje y una lógica nuestra, como arquitectos, se modifica al entrar en contacto con ese 'otro' y, sin embargo, nunca vuelve ya a retornar a su origen ni consigue homogenizarse o disolverse dentro de la lógica dominante que ofrece el proyecto moderno. La construcción del lugar se manifiesta como un espacio suspendido entre dos realidades, como dialogo extendido que se presenta como otra forma de ambigüedad que requiere de nuestra propia experiencia para poder situarse. Pero el lugar, desde esta perspectiva, como entrelazamiento humano, no es preexistente, sino que es revelado y se construye gracias al proyecto. Siza lo explica así: «Nada fue profundamente cambiado. El edificio de los vestuarios se ancla como un barco sobre la costanera de la playa. Aquellos caminos ya existían (en terrenos dificultosos la gente sabe bien dónde poner los pies), la piscina existía, los muros son paralelos a los muros de granito de la avenida de los que apenas se separan. Pequeñas intervenciones aquí y allá consolidaban las plataformas naturales. Con la primera tormenta el océano se llevó una parte del muro, corrigiendo lo que no era apropiado».[86]

La mayor parte de los proyectos de Siza operan en gran medida en el sentido anteriormente citado. Están construidos a través de la presencia del otro, al mismo tiempo que revelar la presencia de ese otro ocurre a través de un sistema que es impuesto en el contexto y cuyas dislocaciones y distorsiones manifiestan los diversos modos de encuentro. En los dibujos para su proyecto de viviendas del SAAL en el barrio de São Victor, Oporto (1974-77), Siza toma un modelo de base que viene claramente del Movimiento Moderno, un lenguaje y un sistema que conoce bien, el *siedlung* moderno de los años veinte. Este modelo, bien conocido disciplinariamente, es insertado en un contexto preexistente bastante complejo, resultado de un barrio físicamente destrozado por diversos infortunios y donde coexisten parte de sus propias ruinas. Las piezas de este *siedlung*, entonces, se abren, giran, buscan los intersticios entre los restos de las viviendas preexistentes a las que las de Siza vendrían a sustituir, pero que el arquitecto se ha negado a borrar definitivamente. Es precisamente ese 'otro', que está ahí fuera, el que completa y da significado a ese modelo abstracto trasladado del Movimiento Moderno y que lo modifica, disloca, contrahace y negocia para poner en valor las diversidades y particularidades de ese contexto. Lo mismo ocurre en otros proyectos de la época, modelos provenientes del Movimiento Moderno que, al entrar en contacto con una cultura, un contexto material, una realidad irreductiblemente concreta, se dislocan y modifican para tratar de abrirse a ellos: un lenguaje que se abandona a sí mismo a la conquista de ese otro, introduciendo fragmentos del exterior, infiltrándose entre los resquicios de la ciudad, gestando todo tipo de ambigüedades y paradojas respecto a lógica moderna de la que se partió en un inicio. Anulada la dicotomía arquitectura/contexto, convertida en la construcción coalescente de un lugar a través de un dialogo espacio-temporal de dislocaciones mutuas, abarcador e infinito, empático y expresivo, aparece ante nosotros la experiencia directa de lo que no puede ser clasificado, la inefable evidencia.

Coda

El auge contemporáneo de la algoritmia y los procesos generativos están dando lugar a un resurgimiento de la intolerancia hacia la ambigüedad. Los gurús tecnológicos nos prometen un mundo carente de fallas, dominado por el *big data* y la Inteligencia Artificial. Se esperan resultados y verdades unívocas, procesos crecientemente inapelables. Como ha indicado Thomas Bauer en su reciente *La pérdida de la ambigüedad* (2022): «las sociedades tecnificadas son reacias a las ambigüedades, la sistematización de los procesos sólo permite aquellas acciones que el sistema entiende y procesa».[87] La creencia en que las tecnologías serán las que vendrán finalmente a redimirnos se sitúa el corazón de lo que Eugene Mogorov ha denominado como «solucionismo tecnológico». Es esta una mentalidad positiva, optimista y que cree firmemente en que «la tecnología puede hacer que seamos mejores personas».[88] Un aspecto clave del solucionismo es entender no sólo que la tecnología conseguirá que seamos mejores, sino que «si disponemos de suficientes aplicaciones, todas las fallas del sistema humano se vuelven superficiales».[89] No han faltado por su parte gurús tecnológicos en arquitectura en los que parece haber primado una disposición como la arriba descrita. En la última década del siglo XX, nuevos procesos de generación formal parametrizados empezaron a considerar que, si conseguíamos computar un número suficiente de variables gracias a las nuevas tecnologías digitales, los proyectos podrían por fin alcanzar una compleción objetivamente óptima. El límite de esta consideración sería la autogeneración de la propia arquitectura o lo que Patrik Schumacher teorizó en tres gruesos volúmenes como *La autopoiesis de la arquitectura*.[90] Si pensamos seriamente en las implicaciones de estos planteamientos, se puede deducir que lo que sería prescindible, a medio plazo, sería el propio arquitecto/a. Sobre esta condición tan paradójica escribió Douglas Spencer no sin cierta sorna: «La arquitectura hoy es una producción sin trabajo. La arquitectura es autogénesis. Los proyectos no se trabajan, sino que se conducen hacia su propia autorrealización. Las formas emergen espontáneamente de la computación paramétrica. El arquitecto se aparta del proceso de producción y el algoritmo hace su magia».[91]

La utopía última del solucionismo es el final de todas las contradicciones, la creencia de que será posible un mundo en el que todos los problemas hayan cesado de existir, un mundo plenamente inteligente, conducido con mansedumbre por los nuevos logros de la IA y sus tecnologías afines. Y en ese mundo, tan sobradamente inteligente gracias a protocolos de datos, dispositivos y herramientas, los hombres y mujeres podrán ser, al fin, tan estúpidos como quieran. Porque la función final del solucionismo no es ayudarnos a optimizar nuestras propias capacidades, el hacernos más eficientes y precisos, sino volvernos, en última instancia, totalmente prescindibles. Como indica la filósofa Marina Garcés, el verdadero problema no es el que haya una inteligencia en manos de máquinas, sino que nuestra propia inteligencia quede delegada a las mismas y que esta inteligencia delegada no pueda ser en sí misma problemática.[92] Porque dicha inteligencia puede aprender, puede auto-corregirse, pero lo que no hace nunca es reflexionar sobre sus límites y alcances porque es de por sí acrítica. La ambigüedad es precisamente la sana duda, el antídoto contra la fácil credulidad, aquel preguntarnos sobre la realidad de la existencia de las cosas que nos permite que seamos culturalmente activos, porque nos impele a un proceso de desambiguación infinito. Ante su duda se plantea un cuestionamiento metódico frente a las afirmaciones que se nos presentan como unívocas, poniendo en práctica nuestras propias experiencias, nuestra creatividad y afectos y nuestra propia capacidad crítica. Pues como afirma Bauer, la pérdida de la ambigüedad «potencia un pensamiento único». En la medida en que una sociedad entra en este ciclo pierde la tolerancia a la ambigüedad que la cultura y sus manifestaciones necesitan para ser espacios de generación de identidades y crecimiento humano».[93]

La ambigüedad hoy día no sólo se vincula a nuestra necesidad de ser críticos, sino al reto de plantear tipos de creatividad capaces de llegar allá donde la computación de lo ya existente nunca puede llegar. Las nuevas aproximaciones científicas en campos de la psicología y la educación son conscientes de este potencial. Podría decirse, por ejemplo, que los intentos por clasificar la ambigüedad pictórica que dominaron en el siglo XX, tal y como propuso por ejemplo Israel Scheffler, seguían considerando que nuestra experiencia de dichas imágenes sólo podía ser dicotómica. La manera en que Scheffer entiende ejemplos como la ambigua figura pato-conejo sigue siendo disyuntiva. Es decir, la misma imagen puede ser o un pato o un conejo, pero que la veamos como una cosa u otra es excluyente, porque cuando la vemos como pato no la podemos ver como conejo: o vemos una o vemos la otra. Lo podemos ir cambiando en nuestra apreciación consciente, pero las dos versiones nunca existen a un mismo tiempo. Algunas formas de pensamiento creativo contemporáneo, sin embargo, se relacionan con la capacidad para sostener en paréntesis la ambigüedad en el proceso mental con la finalidad de aumentar las posibilidades relacionales de nuestro pensamiento. En este sentido, Albert Low, por ejemplo, plantea una alternativa a la que denomina precisamente como «lógica de la ambigüedad». Para superar la tradición de operar dicotómicamente, que se remonta a la lógica clásica y la *diaieresis* aristotélica, Low plantea dejar el pensamiento en suspensión en un plano superior de abstracción. La misma imagen pato-conejo se puede entonces entender de otro modo: es un conjunto de formas en blanco y negro que, potencialmente, pueden ser patos o conejos. Con esta operación, patos y conejos no son una dicotomía y suceden a la vez como opciones posibles de las formas en blanco y negro, eliminada la exclusión mutua de percepciones que no pueden ocurrir a la vez. Lo que estamos haciendo al eliminar la exclusión mutua, poniéndola entre paréntesis, es ofrecer la posibilidad para que se puedan establecer otras relaciones entre las ideas que, de no haberse suspendido esta dicotomía, nunca se nos podrían haber ocurrido.[94] En general, existe consenso científico respecto a la idea de que los «individuos expuestos a la creatividad muestran una mayor tolerancia a la ambigüedad».[95] O en otras palabras, la suspensión de las dicotomías de la lógica tradicional produce

44

pensamientos y comportamientos más creativos, sin que la propia lógica, que nos es muy útil y necesaria para tantos aspectos de la vida, quede en realidad completamente en entredicho. La ciencia contemporánea no sólo sugiere una relación entre creatividad y ambigüedad, sino también entre lo afectivo y lo ambiguo. La afectividad está a menudo entreverada con este tipo de relaciones no dicotómicas y procura no privilegiar unas experiencias específicas frente a otras. En el sentido más amplio, lo afectivo no se establece como algo reflexivo, sino que es simple, directo, primitivo, mezclando ambiguamente «valores hedónicos (placer-desplacer) y de excitación (sueño-activación)», siendo irreductible en el plano mental».[96] Esta aprehensión holística y no reducible conecta creatividad y afectividad. Como han reconocido algunos investigadores recientemente, «la creatividad es una función del afecto positivo, de manera que los sentimientos que conlleva esta experiencia amplían la cognición y aumentan la probabilidad de producir pensamientos no convencionales y, por tanto, soluciones novedosas a los problemas».[97]

He planteado en este ensayo abogar por una 'ambigüedad operativa', capaz de ofrecer una arquitectura abierta, más susceptible a la tolerancia de lo diverso y al encuentro, a la pluralidad y a los procesos en los que lo creativo y lo afectivo enriquecen cada experiencia. Y si tuviera que ser aún más preciso, donde estas cualidades se hacen más significativas, donde más se dignifican, es en la recepción o apropiación de la arquitectura, en su habitar, pues es allí donde se despliega toda su experiencia sensible, corporal y humana. Creo encontrar en muchas prácticas contemporáneas afinidades y acercamientos a un empleo consciente de lo ambiguo. Unas lo harán desde posiciones cercanas a aquel deseo de lo neutro, en el empleo por ejemplo de la planta equipotencial, la habitación ambigua con potencialidad de albergar una profusión de diferentes vidas. Las exploraciones de Office KGDVS, continuada por Sophie Delhay en La Quadrantra (Dijon, 2019) o Peris Toral en sus ochenta y cinco viviendas sociales en Cornellá (2021) dan buena cuenta de este reciente interés.[98] Otros lo harán desde aquellas ambigüedades que trastocan las categorías comunes y básicas con las que entendemos nuestra experiencia habitativa, dentro/fuera, grande/pequeño, con recursos afectivos como el buzón Lütjens Padmanabhan en Binningen II (2014), esas viviendas grandes y pequeñas a un tiempo para conseguir plegarse a su contexto; o apelando a su dimensión más material y corpórea en De Vylder Vinck y Taillieu, como en Caritas, a las afueras de Gante (2017) o en la casa Rot-Ellen-Berg (2011), donde dentro y fuera se solapan y confunden a través de una materialidad sucia, directa, presente.

Frente a las metodologías prescriptivas, funciones cerradas, algoritmos predictivos o convencionalismos solapados, la ambigüedad operativa se propone como un modo de poner en suspenso las categorías con las que habitualmente se clasifica la experiencia, y superar, aunque sin negar, las inevitables contradicciones propias de todo encargo, de todo contexto —pues negarlas sería como engañarnos a nosotros mismos o aportar muy sesgadas respuestas—. Pero poner esas categorías en suspenso es también tratar de abrirse a una relación más sensible, afectiva y creativa entre el habitante y aquella arquitectura que finalmente ha llegado a acogerlo. Se propone así ofrecer una arquitectura en cierto modo abierta, sin privilegios sobre unas u otras experiencias, sin predisposición concreta, que es compleja, sin tener que ser por ello complicada, y como precondición necesaria para que la vida pueda emerger en lugar de someterse. Una 'ambigüedad operativa' donde la vocación de la arquitectura no es la vaguedad o indefinición, sino la construcción de una condición precisa que mantiene las delicadas tensiones de nuestras sensaciones cuando se habita, y que ofrece un marco de relaciones formales y materiales en la que elegimos estar porque nos otorga, quizás más libremente, la posibilidad de alojar, acompañar o potenciar aquello que hacemos cada día. Donde la arquitectura, en definitiva, no se concibe para dar respuestas acotadas, sino para generar las circunstancias adecuadas para que cada uno de nosotros se plantee para sí mismo una sencilla pregunta: ¿pero qué es vivir?

Francisco González de Canales.
Catedrático de Composición
Arquitectónica.
Universidad de Sevilla

Este ensayo parte de las reflexiones
planteadas en los seminarios
impartidos durante los últimos cinco
años en el Máster de Proyectos
Arquitectónicos Avanzados de la
ETSAM, que se engloban también en
los intereses propios del autor en sus
publicaciones más recientes como
Lecturas sobre Aldo Rossi (Puente
editores, 2022) o *The Mannerist Mind.
An Architecture of Crisis* (Actar, 2023).

Notas

1. Quetglas, «Pérdida de síntesis. El pabellón de Mies», 17-27.

2. Benjamin, «Experiencia y pobreza», 167-173.

3. Para ambas definiciones se ha acudido a https://dle.rae.es/

4. Rowe, «The Mathematics of the Ideal Villa: Palladio and Le Corbusier Compared», 102. Reimpreso en español en Rowe, *Manierismo y arquitectura moderna y otros ensayos*.

5. Tafuri, «La idea de arquitectura en la literatura teórica del manierismo» en *Retórica y experimentalismo*, 57.

6. Jencks, «Semiology and Architecture», en *Architecture and Meaning*, 25.

7. Jencks, *The Language of Post-Modern Architecture*, 73.

8. La *diairesis* es un método iniciado por Platón en el Fedro, Sofista, Estadista y Filebo, y continuado por Aristóteles y otros lógicos antiguos, basado en la división para llegar a definiciones y clasificaciones precisas. El procedimiento consistiría en dividir repetidamente los candidatos en dos partes, eliminando la mitad no adecuada, hasta llegar a una definición clara.

9. García Yerba, *La metafísica de Aristóte*les, 47. (Énfasis añadido).

10. Ya que no es un término común me permito, a instancias de ser redundante para el lector, explicar que la anfibolía es *per se* la ambigüedad en una expresión, es decir, el empleo de frases o de palabras que poseen más de una interpretación. Mientras que la homonimia, término más conocido, es la coexistencia de dos palabras que, teniendo distinto origen y evolución histórica, poseen una misma pronunciación o escritura, llevando a la confusión respecto a cuál nos referimos en cada momento.

11. Cicerón, *Invención de la Retórica*, 40-42. Quintiliano, *Institución oratoria*, 31.

12. San Augustín, «Principios de dialéctia» en *Obras Completas*, 32.

13. Boecio, *De las divisiones*, 44 y ss.

14. Lamy, *The art of speaking*, 212. Publicado originalmente en francés en 1675. Para el lector en español, estas palabras le resultarán afines a las muy populares de Baltasar Gracián: «Lo bueno, si breve, dos veces bueno», publicadas anteriormente, en 1647, en su *Oráculo manual y arte de prudencia*.

15. Bacon, *El avance del saber*, 115.

16. Locke, *Ensayo sobre el entendimiento humano*, 510.

17. *Ibidem*, 511.

18. Wittgenstein, *Tractatus logico-philosophicus*, 31.

19. Alexander, *Ensayo sobre la síntesis de la forma*, publicado originalmente en inglés en 1964. Para Alexander, la formalización de la arquitectura se puede asimilar a una ecuación matemática capaz de sistematizar las variables programáticas y contextuales que la afectan. Su aproximación a la ciencia es por tanto más formal y lógica que empírica. Pero hay otros intentos desde otras perspectivas: Christian Norberg-Schulz promovió hacerlo desde el análisis empírico de los fenómenos visuales en su *bestseller Intenciones en arquitectura* (1963); Konstantinos Doxiadis, por su lado, desde la teoría de sistemas y la biología evolutiva acuñando el término *ekística* como «la ciencia de los asentamientos humanos»; y Aldo Rossi tomó la epistemología estructuralista de las nuevas ciencias sociales y humanas para proponer invariantes morfo-tipológicos en *La Arquitectura de la ciudad* (1966).

20. Sota, «Por una arquitectura lógica», en *Por una arquitectura lógica y otros escritos*, 99.

21. Empson, *Siete clases de ambigüedad*, 1.

22. *Ibidem,* 5-6.

23. Hauser, *El manierismo. Crisis del Renacimiento*, 1-55. Sobre la emergencia del interés sobre el manierismo en la cultural de la segunda mitad del siglo XX ya me he referido ampliamente en González

de Canales, *The mannerist Mind. An architecture of Crisis*, 29-58.

24. Sloterdijk, *Normas para el parque humano*, 19-29.

25. Zambrano, «La ambigüedad de Cervantes», en *La ambigüedad cervantina*, 35. Primera versión publicada en francés en 1948.

26. *Ibidem*, 36.

27. *Ibidem,* 49.

28. *Ibidem*, 53.

29. *Ibidem,* 55.

30. Piera y Quance, «Contradicción y lógica poética», en *Estudios sobre la poesía de Lorca*, 211-226.

31. García Lorca, «Imaginación, inspiración, evasión», en *Obras completas*, 94. (Conferencia leída por primera vez en 1929).

32. *Ibidem,* 89.

33. *Ibidem,* 97. Énfasis añadido.

34. García Lorca, «Teoría y juego del duende», en *Obras completas*, 111. (Conferencia pronunciada por primera vez en 1930, aunque esta versión es de la leída en marzo de 1931).

35. Didi-Huberman, «Tierra y conmoción o el arte de la grieta», s.n.

36. *Ibidem*, 117.

37. Tres obras se consideran parte de esta línea experimental que se inicia a principio de los treinta, años en los que realizó las conferencias referidas en el texto: *El Público* (1930) y *Así pasen cinco años* (1931), y la inconclusa por su muerte *Comedia sin título* (1937).

38. Rossi, «Conferències a l' Escola. Cicle 'Arquitectura: Professió i cultura'», 8.

39. «Si Dios fuera un cíclope, España sería su ojo», escribió famosamente Emil Cioran, entroncando con todas las valencias místicas castellanas, que también interesaron a Lorca, y también a Rossi.

40. Aquí se hace referencia al dibujo más conocido de la serie de *La ventana del poeta* de 1978.

41. Rossi, *Autobiografía científica*, 53.

42. Rossi, Braghieri y Freno, «Teatrino Scientífico», 42.

43. *Ibidem*.

44. Referida por Rossi en su reflexión sobre la Feria de Abril de Sevilla. Rossi, *Autobiografía científica*, 54.

45. Estas reflexiones se encuentran compendiadas principalmente en Ehrenzweig, *El orden oculto del arte*, publicado originalmente en inglés en 1967 y Amheim, *Hacia una psicología del arte. Arte y entropía*, publicado originalmente primero en inglés en 1965. No obstante, es necesario resaltar que muchos de los planteamientos de los autores fueron ya presentados en escritos anteriores desde mediados de los años 50.

46. Scheffler, «Pictorial Ambiguity», 109-115.

47. Ver por ejemplo: Baumberger, «Ambiguity in Architecture», 293-320.

48. Me refiero a Adorno, «Sobre el carácter fetichista de la música y la regresión de la escucha». En *Disonancias / Introducción a la sociología de la música*, 15-50; y Adorno y Horkheimer, *Dialectica de la ilustración*.

49. Eco, *Obra Abierta*, 17.

50. *Ibidem*, 39.

51. *Ibidem*, 16.

52. *Ibidem*, 96.

53. *Ibidem*.

54. Barthes, *El placer del texto y Lección inaugural*, 13-43.

55. Barthes, *Lo neutro*, 51.

56. *Ibidem*, 123.

57. *Ibidem*. Se ha adaptado la traducción existente en la cita de la versión española del libro de Barthes por otra más adecuada según criterio del autor.

58. Ortega manifestó que había que ir más allá de la razón pura, que tantos réditos había dado a las ciencias naturales, pero que tan pocos, en su opinión, había ofrecido a las ciencias humanas. En *El tema de nuestro*

tiempo (1923) escribió: «Hasta ahora, la filosofía ha sido siempre utópica. Por eso pretendía cada sistema valer para todos los tiempos y para todos los hombres. […] La doctrina del punto de vista exige, en cambio, que dentro del sistema vaya articulada la perspectiva vital de que ha emanado, permitiendo así su articulación con otros sistemas futuros o exóticos. La razón pura tiene que ser sustituida por una razón vital, donde aquélla se localice y adquiera movilidad y fuerza de transformación». José Ortega y Gasset, *Obras completas*, vol. 3, 878-879.

59. Unamuno, *Artículos olvidados sobre España y la Primera Guerra Mundial*, 51.

60. Unamuno, *En torno al casticismo*, 129. Publicado originalmente en 1902.

61. Otra aproximación a la ambición de una arquitectura neutra puede encontrarse en: Colmenares, *Ni lo uno ni lo otro. Posibilidad de lo neutro en arquitectura*.

62. Se podría seguir, pues tampoco sabemos, y este es un recurso más típico en Mies. ¿Qué es lo que delimita verdaderamente el espacio? ¿Es el podio que lo separa de la ciudad para crear su propio ámbito? ¿Es la estructura que lo protege? ¿Es la piel de vidrio? Porque los tres posibles supuestos son difusos en cuanto a que en nuestra experiencia se presentan en continuidad los unos con los otros, y porque ponen en cuestión lo que normalmente debiera ser separador y discriminatorio de manera explícita y directa.

63. Esto fue como se ha indicado un tema transversal. A inicios de los años 60, por ejemplo, John Hejduk trataba de ver en qué modo se podría concebir una arquitectura más directamente ligada a algunos de los descubrimientos de las vanguardias artísticas, experimentos de los que se derivarían en sus series Diamond House (1963-67) y Wall House (1968-74). En la misma época, por poner otro ejemplo, Peter Eisenman exploró en qué modo podría plantearse una

arquitectura verdaderamente fiel a las implicaciones conceptuales de la cultura moderna, que trató de demostrar desde su House I a su House VI, entre 1967 y 1975. Ambos casos darán lugar a nutridas ambigüedades expresivas.

64. Eliot, «The Perfect Critic», en *Selected Essays*, 24 y 29.

65. De hecho, hay quien es de la opinión de que Venturi sería una influencia importante en esta recobrada clasicidad de Kahn y, así, Vincent Scully, que conoció bien a ambos, escribió que «Venturi liberó al propio Kahn para que recordara su propio pasado y construyera sobre el mismo. Aquellos elementos de diseño, en su mayor parte romanos, que aparecerían al principio de Venturi y al final de Kahn, dan fe de ello». Scully, *Modern Architecture and Other Essays*, 338.

66. Venturi publicó un resumen de este trabajo, que sería su primer ensayo publicado, en *The Architectural Review*. Venturi, «The Campidoglio: a case study», 333-334.

67. Como complemento Eliot añade: «La diferencia entre el presente y el pasado es que el presente consciente es un conocimiento del pasado en un modo y hasta un punto que la conciencia del pasado mismo no puede mostrar». Eliot, «Tradition and the Individual Talent», en *Selected Essays*, 15.

68. *Ibidem*.

69. William Epson, *Siete clases de ambigüedad*, 81.

70. Por poner algún ejemplo concreto que ayude a entender esto, tomemos un par de fragmentos de una de las más conocidas y representadas obras teatrales de Shakespeare, *Romeo y Julieta*. El autor pone en boca de Mercutio, trágicamente herido: «Ask for me tomorrow /and you shall find me a grave man». Shakespeare, *Romeo and Juliet*, III.i.103-104. Los juegos de palabras hacen que estos versos puedan leerse de dos modos, pero donde un significado influye en la

manera en la que entendemos el otro, ya que puede ser tanto «pregúntame mañana y encontrarás un hombre serio o grave», o bien, «pregúntame mañana y encontrarás a un hombre en una tumba». ¿Son las heridas graves, o su sentimiento o respuesta respecto a ellas las que lo son? ¿O son tan serias como para llevarlo a la tumba? Ambos significados cooperan en el entendimiento de lo que se quiere comunicar. En otro ejemplo dice Julieta: «But my true love's passion: therefore pardon me/ And not impute this yielding to light love/ Which the dark night hath so discovered». En este otro caso existiría una ambigüedad relacionada con el carácter, ya que podemos leer 'light love'», como un 'amor ligero' o incluso algo casquivano, pero al aparecer luego más adelante, noche oscura, por oposición, nos hace superponer lo anterior, 'light love' puede ser relacionado con la luz frente a la oscuridad, es decir, como un amor luminoso y pleno. Estas ambigüedades, según entiende Empson y también Venturi no ofuscan nuestro entendimiento, sino que lo amplían, enriqueciendo la experiencia de la obra. *Ibidem*, II.ii.104-106.

71. Köhler, *Gestalt psychology: an introduction to new concepts in modern psychology*. Versión revisada de un libro de 1929 para incluir estas otras referencias y ejemplos.

72. Venturi, *Complejidad y contradicción en arquitectura*, 37 y ss.

73. Así lo revela Emmanuel Petit en una conversación con Venturi. Ver: Petit, «Rowe, Scully, Venturi. Two Forms of Corbusianism,» en *Complexity and Contradiction at Fifty*, 150.

74. Venturi, «Viva Mannerism for Architecture for Our Age», 152-153. Originalmente elaborado para la Bienal de Venecia de 2000.

75. Wallace, *A Supposedly Funny Thing I'll Never Do Again*, 66-69.

76. Es sólo en proyectos muy explícitamente simbólicos como el Grand's Restaurant de Filadelfia (1962), con John Short, o el concurso para una fuente en Fairmount Park, también en Filadelfia (1964), con John Rauch y Denise Scott Brown, que el elemento comunicativo es comentado. Venturi, *Complejidad y contradicción en arquitectura*, 163-250.

77. Heidegger, «La época de la imagen del mundo», en *Caminos del bosque*, 72.

78. Heidegger, «El origen de la obra de arte», en *Caminos del bosque*, 38.

79. Beckett, «From an abandoned work», 133-4.

80. Siguen siendo de interés las reflexiones de Josep Quetglas a este mismo respecto, en las que enumera a estos y otros protagonistas. Quetglas, *Pasado a limpio II*, 4-41.

81. Gregotti editó un número especial de la revista *Casabella* bajo el título de «Architettura come modificazione» en 1984.

82. Lévinas, *Humanismo del otro hombre*, 50.

83. Gregotti, «Architettura come modificazione», 4.

84. Heidegger, «¿Y para qué poetas?», en *Caminos del Bosque*, 212.

85. González de Canales y Steele (eds)., *First Works: Emerging architectural experimentation of the 1960s and 1970s*, 77.

86. González de Canales y Steele (eds.), *First Works*, 68.

87. Bauer, *La pérdida de la ambigüedad*, 14.

88. Morozov, *La locura del solucionismo tecnológico*, 12.

89. *Ibidem*.

90. El concepto de *autopoiesis* fue acuñado a principios de los 70 por los biólogos evolutivos chilenos Humberto Maturana y Francesco Varela. En esa misma década fue extrapolado a los estudios sociales por el sociólogo alemán Niklas Luhmann. La autopoiesis tiene que ver con los sistemas auto-generativos o, en otras palabras, con las dinámicas evolutivas de los sistemas para

adaptarse funcionalmente, mientras que su propia autonomía les permite mantenerse en continua evolución. Schumacher, *The Autopoiesis of Architecture*, 13-14.

91. Spencer, «Return the gift», 2.

92. Marina Garcés se ha referido a este asunto de la «inteligencia delegada» en Garcés, *Una Nueva Ilustración radical*, 55-59.

93. Bauer, *La pérdida de la ambigüedad*, 14.

94. Sobre la lógica de la ambigüedad ver: Low, *Koans, Creativity and Consciousness*, 12-18. Es necesario resaltar que es mucha la literatura contemporánea que vincula la tolerancia a la ambigüedad y creatividad en campos como la psicología, pedagogía, ciencias de la información o estudios artísticos. Una compilación de ensayos sobre este tema puede hallarse en Popat y Whatley, eds., *Error, Ambiguity, and Creativity. A multidisciplinary reader*. Ver también: Furnham y Marks, «Tolerance of Ambiguity: A Review of the Recent Literature», 717-728.

95. Charness y Grieco, «Creativity and ambiguity tolerance», 9.

96. Russell, «Core affect and the psychological construction of emotion», 147.

97. Madrid y Patterson «Affect and creativity», 264.

98. Aunque se ha querido hablar de una arquitectura más actual, no se puede dudar de cómo el comienzo de esta exploración está en alguna arquitectura japonesa teniendo en el siglo XXI a SANAA como principal investigador de esta idea.

Bibliografía

Adorno, Theodor. *Disonancias / Introducción a la sociología de la música*. Madrid: Akal, 2009.

Adorno, Theodor y Max Horkheimer. *Dialectica de la ilustración*. Madrid: Akal, 2007.

Alexander, Christopher. *Ensayo sobre la síntesis de la forma*. Buenos Aires: Infinito, 1969.

Amheim, Rudolph. *Hacia una psicología del arte. Arte y entropía*. Madrid, Alianza, 1995.

Bacon, Francis. *El avance del saber*. Madrid: Alianza, 1988.

Baird, Georges y Charles Jencks, ed. *Architecture and Meaning*. Nueva York: George Brazier, 1970.

Barthes, Roland. *El placer del texto y Lección inaugural*. Madrid: Siglo XXI, 2007.

Barthes, Roland, *Lo neutro*. Ciudad de Méjico y Buenos Aires: Siglo XXI, 2004.

Bauer, Thomas. *La pérdida de la ambigüedad*. Barcelona: Herder, 2022.

Bauer, Matthias y Angelika Zirker, eds. *Strategies of Ambiguity*. Nueva York: Routledge, 2024.

Baumberger, Christoph. «Ambiguity in Architecture,» en *From Logic to Art: Themes from Nelson Goodman*, edited by Gerhard Ernst, Jakob Steinbrenner y Oliver R. Scholz, 293-320. Berlín y Boston: De Gruyter, 2009.

Beckett, Samuel. *Collected Shorter Prose 1945-1980*. Londres: John Calder, 1984.

Benjamin, Walter. *Discursos interrumpidos*. Madrid: Taurus, 1973.

Boecio. *De las divisiones*. Madrid: Ediciones Encuentro, 2008.

Charness, Gary y Grieco, Daniela «Creativity and ambiguity tolerance,» *Economics Letters* 218 (2022) https://doi.org/10.1016/j.econlet.2022.110720.

Cicerón, Marco Tulio. *Invención de la retórica*. Madrid: Editorial Gredos, 1997.

Colmenares, Silvia. *Ni lo uno ni lo otro. Posibilidad de lo neutro en arquitectura*. Barcelona: Fundación Arquia, 2024.

Didi-Huberman, Georges. «Tierra y conmoción o el arte de la grieta», Conferencia ofrecida en el seminario 'La noche española. Flamenco, vanguardia y cultura popular, Universidad Internacional de Andalucía, 27 de noviembre de 2006. https://vimeo.com/85137600

Eco, Umberto. *Obra abierta*. Barcelona: Ariel, 1984.

Ehrenzweig, Anton. *El orden oculto del arte*. Barcelona: Labor, 1973.

Eliot, T. S. *Selected Essays*. Londres: Faber & Faber, 1999.

Empson, William. *Siete clases de ambigüedad*. Madrid y Ciudad de México: Fondo de Cultura Económica, 2005.

Fernández Cifuentes, Luis, ed. *Estudios sobre la poesía de Lorca*. Madrid: Ediciones Istmo, 2005.

Furnham, Adrian y Joseph Marks, «Tolerance of Ambiguity: A Review of the Recent Literature,» *Psychology* 4 (2013): 717-728.

Garcés, Marina. *Una nueva Ilustración radical*. Barcelona: Anagrama, 2017.

García Lorca, Federico. *Obras completas*. Madrid: Aguilar, 1986.

García Yerba, Valentín. *La metafísica de Aristóteles*. Madrid: Gredos, 2018.

González de Canales, Francisco. *The mannerist Mind. An architecture of Crisis*. Barcelona: Actar, 2023.

González de Canales, Franciso y Brett Steele, eds. *First Works: Emerging architectural experimentation of the 1960s and 1970s*. Londres: AA Publications, 2009.

Gregotti, Vittorio. «Architettura come modificazione,» *Casabella* 498-499 (1984): 2-7.

Lamy, Bernard. *The art of speaking*. Londres: Hardpress Publishing, 2020.

Lévinas, Emmanuel. *Humanismo del otro hombre*. Ciudad de Méjico: Siglo XXI, 2003.

Locke, John. *Ensayo sobre el entendimiento humano*. Ciudad de Méjico: Fondo de Cultura Económica, 2013.

Low, Albert, *Koans, Creativity and Consciousness*. Londres: White Cloud Press, 2012.

Madrid, Hector P. y Malcolm G. Patterson «Affect and creativity,» en *Individual creativity in the workplace*. Londres, Academic Press, 2018, 245–265.

Morozov, Evgeny. *La locura del solucionismo tecnológico*. Madrid: Katz, 2015.

Hauser, Arnold. *El manierismo. Crisis del Renacimiento*. Madrid: Guadarrama, 1965.

Heidegger, Martin. *Caminos del bosque*. Madrid: Alianza, 1995.

Jencks, Charles. *The Language of Post-Modern Architecture*. Londres: Academy Editions, 1977.

Kennedy, Chris. «Ambiguity and Vagueness: An Overview,» en *The Handbook of Semantics*, edited by Claudia Maienborn, Klaus von Heusinger y Paul Portner (Berlin: Mouton de Gruyter, 2009).

Köhler, Wolfgang. *Gestalt psychology: an introduction to new concepts in modern psychology*. Nueva York: Liveright, 1947.

Ortega y Gasset, José. *Obras completas*, vol. 3. Madrid: Alianza editorial, 1981.

Popat, Sita y Sarah Whatley, eds., *Error, Ambiguity, and Creativity. A multidisciplinary reader*. Londres: Palgrave Macmillan, 2020.

Quetglas, Josep. «Pérdida de síntesis. El pabellón de Mies,»*Carrer de la ciutat* 11 (1980): 17-27.

Quetglas, Josep. *Pasado a limpio II*. Valencia: Pretextos, 1999.

Quintiliano, Marco Fabio. *Institución oratoria*. Madrid: Librería de Perlado y Páez, 1916. Accesible en https://www.cervantesvirtual.com/obra-visor/instituciones-oratorias--0/html/

Rossi, Aldo. «Conferències a l' Escola. Cicle 'Arquitectura: Professió i cultura',» *Annals d'arquitectura* 2, (1983): 6-26.

Rossi, Aldo. *Autobiografía científica.* Barcelona: Gustavo Gili, 1984.

Rossi, Aldo, Gianni Braghieri y Roberto Freno. «Teatrino Scientífico,» *2C. Construcción de la ciudad* 14 (1979): 42-47.

Rowe, Colin. *Manierismo y arquitectura moderna y otros ensayos.* Barcelona: Gustavo Gili, 1999.

Russell, James A. «Core affect and the psychological construction of emotion,» *Psychological Review* 110, n.1 (2003): 145–172.

San Agustín. *Obras completas,* vol. 41. Madrid: Biblioteca de autores cristianos, 2002.

Shakespeare, William, *Romeo and Juliet.* Londres: Bloomsbury Arden Shakespeare, 2022.

Scheffler, Israel. «Pictorial Ambiguity,» *The Journal of Aesthetics and Art Criticism.* 47, n. 2 (Spring, 1989): 109-115.

Schumacher, Patrik. *The Autopoiesis of Architecture.* Londres: Wiley & Sons, 2012.

Schwartz, Frederic, ed. *Mother's House: The Evolution of Vanna Venturi's House in Chestnut Hill.* Nueva York: Rizzoli, 1992.

Scully, Vincent. *Modern Architecture and Other Essays.* Nueva York: Princeton University Press, 2003.

Sloterdijk, Peter. *Normas para el parque humano.* Madrid: Siruela, 2000.

Sota, Alejandro de la. *Por una arquitectura lógica y otros escritos.* Barcelona: Puente editores, 2020.

Spencer, Douglas. «Return the gift,» *Fulcrum* 87 (2014): 2.

Stierli, Martino y David B. Brownlee. *Complexity and Contradiction at Fifty* eds. Nueva York: MoMA, 2019.

Tafuri, Manfredo. *Retórica y experimentalismo.* Sevilla: Universidad de Sevilla, 1978.

Unamuno, *Miguel de. Artículos olvidados sobre España y la Primera Guerra Mundial.* Londres: Tamesis Books Limited, 1976.

Unamuno, Miguel de. *En torno al casticismo.* Madrid: Cátedra, 2015.

Venturi, Robert: «The Campidoglio: a case study,» *The Architectural Review* 113 (1953): 333-334.

Venturi, Robert. «Viva Mannerism for Architecture for Our Age,» *Log* 13/14 (2008): 152-153.

Venturi, Robert. *Complejidad y contradicción en arquitectura.* Barcelona: Gustavo Gili, 2021.

Wallace, David Foster. *A Supposedly Funny Thing I'll Never Do Again.* Boston: Little, Brown, 1997.

Wasow Thomas, Amy Perfors y David Beaver, «The Puzzle of Ambiguity,» en *Morphology and the Web of Grammar: Essays in the Memory of Steven G. Lapointe,* edited by C. Orhan Orgun y Peter Sells (Stanford, CA: CSLI Publications, 2003).

Winkler, Susanne, ed. *Ambiguity: language and communication.* Berlin: de Gruyter, 2015.

Wittgenstein, Ludwig. *Tractatus Logico-Philosophicus.* Madrid: Alianza Editorial, 1999.

Zambrano, María. *La ambigüedad cervantina.* Madrid: Guillermo escolar, 2023.

Colección Ensayos Críticos

Directora de la colección
Silvia Colmenares

Edita
DPA ETSAM en colaboración con
Ediciones Asimétricas

Ensayos Críticos 06
Ambigüedad operativa

© de los textos
Francisco González de Canales

© de las imágenes
sus autores

© de la edición
© DPA ETSAM, 2024
www.dpa-etsam.com
© Ediciones Asimétricas, 2024
www.edicionesasimetricas.com

Diseño
gráfica futura

Impresión
Estilo Estugraf Impresores

ISBN
978-84-10065-35-2

Depósito legal
M-15015-2024

Impreso en España / Printed in Spain

Este libro se ha impreso sobre papel
procedente de fuentes responsables,
certificado por el *Forest Stewardship Council*®.

FSC
www.fsc.org
MIXTO
Papel | Apoyando
la silvicultura
responsable
FSC® C107210